KB119946

내 인생을 완성하는 것들

내 인생을
완성하는 것들

라이언 패트릭 핸리 지음 | 안종희 옮김

더 나은 삶을 살기 위한
29가지 위대한 지혜

Our Great Purpose :
Adam Smith
on Living a Better Life

위즈덤하우스

사랑하는 딸에게 이 책을 바칩니다

차례

들어가는 글 _ 더 나은 삶의 여정을 위한 탁월한 안내자 **8**

01 │ **이기심** │ 모든 인간이 천성적으로 타고난 본성 │ **18**

02 │ **타인에 대한 관심** │ 이타심이라는 또 다른 본성의 가치 │ **26**

03 │ **타인을 위한 행동** │ 행동하지 않는 관심은 무의미하다 │ **32**

04 │ **상상력** │ 타인의 관심을 갈망하도록 만드는 힘 │ **38**

05 │ **상황 개선** │ 부와 힘으로 타인의 관심을 얻고자 할 때 │ **46**

06 │ **불행과 무질서** │ 과대평가된 미래와 과소평가된 현재의 비극 │ **52**

07 │ **건강한 정신** │ 행복은 신체적 쾌락만으로 충족되지 않는다 │ **58**

08 │ **평온과 즐거움** │ 하나가 없이는 다른 하나도 누릴 수 없다 │ **66**

09 │ **부에 대한 숭배** │ 가난에 대한 경멸로 이어지는 비탈길 │ **74**

10 │ **우정** │ 평온과 즐거움을 회복시키는 최고의 치료제 │ **82**

11 │ **즐거움** │ 마음의 불안을 없애는 소박한 즐거움 │ **88**

12 │ **증오와 분노** │ 자신과 타인을 모두 파괴하는 감정 │ **94**

13 │ **사랑받기** │ 결국 우리가 가장 원하는 것 │ **100**

14 │ **사랑하기** │ 사랑받기 위해 먼저 해야 할 일 │ **106**

15 │ **번영** │ 우리 모두가 사랑을 주고받을 때 얻을 수 있는 것 │ **114**

16 | **사랑받을 만한 존재 되기** | 남이 아닌 나의 기준으로 | 122

17 | **자기성찰** | 나를 바라보는 또 하나의 나, 공정한 관찰자 | 130

18 | **인간의 존엄성** | 어느 누구도 어느 누구보다 특별하지 않다 | 138

19 | **인간의 동등성** | 철학자도, 짐꾼도 똑같이 태어난다 | 146

20 | **선택** | 지혜를 배우고 미덕을 실천하는 좁은 길 | 154

21 | **자신과 타인** | 이기심을 최소화하고 자비심을 최대화하는 미덕 | 160

22 | **완전성** | 지혜롭고 덕 있는 사람의 목표 | 168

23 | **지혜와 미덕** | 자신과 타인에 대한 신중한 관찰과 반성 | 174

24 | **겸손과 자비** | 지혜로운 자가 불완전함을 대하는 태도 | 182

25 | **칭찬과 칭찬받을 자격** | 지혜와 미덕을 갖춘 사람의 즐거움 | 190

26 | **소크라테스** | 지혜를 갖추되 미덕을 갖추지 못하였을 때 | 196

27 | **예수** | 이기심이 아닌 타인에 대한 관심으로 신을 찾을 때 | 204

28 | **흄** | 자기 통제와 자비심을 함께 갖춘 지혜와 미덕의 삶 | 210

29 | **신** | 모든 사람의 행복을 추구하는 우주의 섭리 | 218

나가는 글 _ 지혜와 미덕의 삶으로 나아가는 출발점 224

감사의 글 _ 234

애덤 스미스의 생애와 사상 _ 236

더 나은 삶의 여정을 위한 탁월한 안내자

'더 나은 삶을 산다'라는 말은 무슨 의미일까? 그보다 먼저, '삶을 산다'라는 말은 정확히 무슨 뜻일까? 대답하기 쉽지 않은 질문들이고 실천하기도 결코 만만치 않다. 하지만 적어도 내가 보기에 산다는 것은 '삶'이라고 인정할 수 있는 여정을 적극적으로 추구하는 것이다. 여정에는 시작과 중간, 끝이 있기 마련이고, 아울러 각 부분이 의미 있는 방식으로 잘 연결될 수 있는 통일성을 갖추어야 한다.

어떤 사람들은 다른 사람들보다 더 나은 여정을 살아간다. 사실 삶의 많은 것이 우리의 실천에 따라 달라진다. 어쨌든 우리는 모두

단 한 번 인생을 살기 마련이고, 자기 자신에게 맡겨진 한 번의 삶을 살기 위해 가야 할 길과 가지 않을 길을 매순간 선택해야 한다. 왜 이 길이 다른 길보다 나은 걸까? 가야 할 길을 선택하는 기준은 무엇일까? 삶의 여정을 인도하는 안내자는 어디에 있을까?

이 책은 이러한 질문에 대한 탁월한 안내자로 애덤 스미스를 제시한다. 많은 사람이 놀랄지도 모르겠다. 오늘날 스미스는 이른바 '자본주의의 창시자'로 유명한 반면, 어떻게 살 것인가에 대한 그의 사상은 그다지 알려지지 않았다. 그러나 차차 살펴보겠지만, 스미스는 삶의 문제에 대해 많은 것을 제시한다. 특히 그의 인생철학은 성찰과 실천의 통합에 기초한다. 스미스 자신의 말로 다시 표현하자면, '지혜와 미덕의 통합'이다.

좋은 삶을 살기 위해선 성찰과 실천의 통합이 필요하다는 스미스의 신념은 그의 인생철학의 중심 내용일 뿐만 아니라 이 분야의 다른 저작들과의 차이점이기도 하다. 독자들은 좋은 삶에 대한 이야기를 들을 때, 오늘날 흔히 접할 수 있듯이 '인생의 법칙'을 요약하여 소개하는 자기계발서 같은 내용을 기대할지도 모른다. 비록 이런 관점에서 그의 글을 읽으려는 사람들이 있을지는 모르지만,

스미스 자신은 결코 자기계발서를 쓰려고 한 적이 없다.

    애덤 스미스의 첫 번째 전기작가는 도덕철학에 관한 스미스의 주요 저작에 대해 "이 책의 곳곳에는 삶의 실천적인 행동규범에 관한 가장 순수하고 고상한 격언, 그리고 뛰어난 감수성과 강론이 이론적 원칙과 더불어 조화를 이루고 있다"라고 썼다. 한 세기가 지난 뒤, 이후 미국의 28대 대통령이 된 우드로 윌슨Woodrow Wilson 역시 프린스턴대학 강의에서 같은 말을 반복했다. 그는 "애덤 스미스의 책은 가장 현명하고 실천적인 격언으로 가득하며, 이는 스미스가 많은 것을 배운 글래스고 지역 상인들의 기민한 교훈에서 나옴직한 것이다"라고 주장했다.

    하지만 이 같은 평가에도 불구하고, 인생철학에 관한 스미스의 관심사를 그의 친구 벤저민 프랭클린의 책이나 오늘날의 자기계발서에서 볼 수 있는 일종의 실천적인 법칙 정도로 축소한다면 무척 부당한 일이다. 직설적으로 말하자면, 스미스는 이 세상에서 남보다 성공하는 것과 더 나은 삶을 사는 것의 차이를 분명히 알았다.

    실제로 스미스의 책에는 부지런하고 성공지향적인 사람들에게 필요한 내용이 포함되어 있다. 그러나 그것이 전부가 아니다. 손쉬운 조언이나 응급처방전, 법칙 목록과 다른 무언가를 원하는 독자에게 필요한 것들이 그의 책에 담겨 있다. 이 책은 애덤 스미스를 새롭게 바라볼 기회를 제시하고, 나아가 자기 자신과 자기 삶을 새로운 관점에서 바라볼 수 있기를 기대하는 독자에게 깊은 지혜를 선사한다.

우리는 이 책을 통해 분명히 스미스에 대한 새로운 접근법을 얻을 수 있다. 스미스의 인생철학은 그의 방대한 사상 가운데 자주 연구된 주제는 아니었다. 권위 있는 연구자들은 종종 스미스가 도덕철학의 목적을 단순히 '도덕 개념의 기원과 기능에 대한 내용'을 제공하는 것으로 보았으며, '좋은 삶을 사는 법에 관한 지침'을 원한다면 다른 곳에서 찾아야 할 것이라 생각했다고 주장했다.

나의 관점이 이와 다르다는 점은 차차 명확하게 드러날 것이다. 그러나 이 책의 목적은 철학적 연구 실적을 올리는 것이 아니다. 나는 이미 스미스에 관한 다른 책과 글을 통해 학문적인 논쟁에 기여했다. 하지만 이 책의 목적은 다르다. 여기에서는 애덤 스미스를 삶의 현명한 안내자로 제시하면서 그의 사상에서 상대적으로 주목받지 못한 다른 측면을 조명하고자 한다. 전문가들이 이런 시도에 흥미를 갖기 바란다.

더 중요한 점은 이런 방식의 소개를 통해 독자들이 삶에 대해 많은 것을 제시한 18세기 사상가와 함께 시간을 보내고(늘 곁에 둔다면 더 좋고), 가능한 더 나은 삶을 살기 위해 무엇을 해야 하는지 생각해볼 기회를 얻는 것이다. 내가 애덤 스미스를 처음 만난 것은 25년 전이다. 오랫동안 그와 같이 지내면서 나의 인생은 더 나아졌다. 독자들도 그런 경험을 하길 바란다.

***

이 책은 인생에 관한 애덤 스미스의 사상을 다룰 뿐 실제 그의 삶이나 사상 전체를 포함하지 않는다. 그렇지만 그의 인생 이야기와 더 폭넓은 사상이 이 책의 주제와 무관하지 않기 때문에 간략히 소개한 내용을 책의 뒤쪽에 정리했으니 참고하기 바란다. 일단 여기서는 애덤 스미스가 두 권의 주요 저작물을 남겼으며, 그중 우리가 집중적으로 살펴볼 책은 그가 위대한 명성을 얻게 해준 『국부론』이 아니라 『도덕감정론』이라는 점만 간단히 언급하겠다. 이 책은 그의 강의 내용을 토대로 집필한 것으로 스미스의 도덕철학 사상이 응집되어 있다.

『도덕감정론』에서 스미스는 도덕적 판단에 관한 독창적인 이론을 발전시켰는데, 그가 주장한 이론의 핵심은 '공감sympathy' 개념이다. 공감은 우리가 어느 정도 다른 사람의 감정을 같이 느끼는 것을 뜻하며, 스미스는 이를 인간의 고유한 본성으로 보았다. 스미스는 공감이 다른 메커니즘에 의해 지원을 받는다고 여겼다. 즉, 스미스가 '공정한 관찰자'라고 부른 상상 속의 사람이 공감을 느끼도록 도와준다는 것이다. 공정한 관찰자는 왜곡된 감정에 의해 판단이 흐려지지 않는 이상적인 심판자로, 옳고 그름을 차분하고 냉정하게 숙고한다.

『도덕감정론』은 이러한 도덕적 판단 이론과 더불어 미덕의 의미에 대한 특별한 이해에 기초한 인생철학도 함께 제시한다. 스미스의 인생철학은 플라톤과 아리스토텔레스, 스토아학파에서 비롯된 미덕에 관한 고대의 성찰에 많이 의존하면서도 이를 근대 세계에 맞게 적절하게 변형하였다는 점에서 중요하다.

애덤 스미스의 인생철학을 최대한 효과적으로 전달하기 위해 이 책은 시리즈 형태의 짧은 장으로 구성하였다. 각 장은 스미스의 저서(대부분 『도덕감정론』이다)에 나오는 한 구절에 초점을 맞추며, 장 시작 전에 해당 구절을 제시한 뒤 그에 대한 나의 짧은 설명을 아래에 덧붙였다. 이렇게 한 이유는 다른 무엇보다도 작가로서 스미스의 천재성이 빛나길 바라기 때문이다. 고전 수사학 학도이며 근대 문학 애호가인 스미스는 아름다운 산문을 썼다. 애써 경구를 쓰려고 하지 않았음에도 그의 문장은 섬세하고 세련되며, 많은 경우 계속 곱씹어볼 가치가 있다. 어쨌든 이런 방식으로 스미스의 사상을 제시함으로써 그의 저작을 처음 만나는 사람들이 쉽게 접근할 수 있는 출발점을 제시하고, 아울러 전문적인 독자들이 그의 텍스트와 사상을 새롭게 만날 수 있는 시각을 제공하고자 한다.

각 인용문은 독립적으로 제시되므로 각각 따로 읽어도 된다. 하지만 굳이 인용문과 그에 대한 설명을 순서에 맞게 배치한 것은 첫 장으로 시작하여 마지막 장으로 끝나는 하나의 이야기 형식을 갖추기 위해서다.

장마다 등장하는 각각의 인용문은 애덤 스미스가 오늘날 우리의 삶에 핵심과제로 선정했을 법한 것을 기준으로 선택했다. 개략적으로 말하면, 이 도전과제들은 크게 두 종류로 나뉜다. 첫 번째는 인간 본성에서 비롯되는 것이다. 이 부분에 대해 스미스가 자주 제시하는 사상은 인간은 선천적으로 두 가지 아주 다른 성향을 동시에 갖고 있다는 것이다. 우선, 우리는 태생적으로 자신과 자신의 안위에 관심을 갖는다. 그런가 하면 선천적으로 다른 사람의 안위와 행복에도 관심을 갖는다.

두 번째 종류의 도전과제는 오늘날 우리가 사는 세상에서 비롯된다. 우리의 본성에서 비롯된 도전과제와 마찬가지로, 세상의 본질에서 비롯된 도전과제는 서로 다른 방향으로 우리를 끌어당기는 상반된 요구로 인한 것이다. 알다시피, 세상은 남보다 앞서려는 개인의 노력에 찬사를 보내고 성공한 사람에게 부와 지위, 권력을 제공한다. 하지만 한편으로 자기 이익을 희생하는 행동을 가치 있게 평가한다. 특히 그런 행동이 다른 사람의 안위를 지켜주었을 때 더욱 그렇다. 이것은 우리의 본성과 세상의 본질이 동시에 다른 방향으로 우리를 끌어당긴다는 것을 보여준다. 이 상반된 요구들은 단한 번의 통합적인 삶을 살아야 하는 우리 인생에 중요한 과제를 던지며, 그에 따라 반복적으로 제시되는 주제는 분리와 통합이다.

단순히 더 나은 삶에 필요한 과제를 진단하는 것은 인생에 대한 애덤 스미스의 통찰 중 절반에 불과하다. 그래서 인용문을 선택할 때 우리가 이런 과제를 극복하기 위해 실천해야 한다고 스미스가 생각했음직한 내용을 선정했다. 첫째, 우리는 여러 미덕을 갖추어야 한다. 그중 일부는 자기 자신에 대한 감정과 관련된 것들이다. 신중함과 절제의 미덕은 이 과정에서 중요한 역할을 한다. 다른 사람에 대한 우리의 감정과 행동에 관한 미덕도 있다. 이를테면 정의와 자비심은 특히 중요하다. 반복적으로 등장하는 주제는 우리가 선하고 통합적인 삶을 살 수 있게 해주는 두 쌍의 미덕들이다. 스미스가 '끔찍한 미덕'이라고 부른 관용과 자기 억제, 그리고 '호의적 미덕'이라고 부른 자비심과 사랑이다.

아울러 스미스는 삶을 살기 위해서는 단순히 특정한 미덕을 갖추는 것 이상이 필요하다고 가르친다. 물론 힘든 일이다. 스미스는 이런 미덕을 갖추려면 우리 자신을 새롭게 볼 수 있어야 한다고 여겼다. 특히 자신과의 비판적인 거리를 둘 필요가 있다. 그렇게 하면 자신을 새롭고 공정한 시각으로 바라볼 뿐만 아니라, 다른 사람의 시각에서 자신을 보는 법을 배우게 된다. 스미스는 자유로운 상업 사회가 시민의 이런 능력에 달렸다고 생각했다.

이 책에서 주장하는 내용은 겸손함과 패기를 모두 필요로 한다. 스미스에 따르면, 삶을 살아가려면 삶을 바라보고 성찰하는 능력이 필요하다. 삶을 살아가려면 삶의 활동은 물론 때로 자기를 벗어나 세상 사람들이 우리를 바라보는 공정한 시각으로 자신을 바라볼 수 있어야 한다. 많은 학자들이 오래전부터 깨달았듯이, 이기심을 억제하려면 이것이 중요하다. 이와 같은 중요한 성찰 행위는 자기 자신을 하나의 자아로 바라볼 수 있게 해준다. 아울러 우리가 미덕과 번영의 삶, 통합적이고 일관된 삶, 그리고 바라건대 목적과 의미가 있는 삶을 살게 해준다.

이기심

| 모든 인간이 천성적으로 타고난 본성

"모든 인간은 천성적으로 자기 안위를 먼저, 그리고 중요하게 여긴다. 인간은 타인보다는 자신을 돌보는 일에 더 적합하기 때문에 그렇게 하는 것이 적절하고 옳다."

_ 「도덕감정론」, 2부, 2편, 2장

즉, 이기심은 인간 본성의 일부이지만
매우 특정한 의미를 갖는다.

이기심은 자본주의의 원동력이다. 자본주의를 옹호하는 사람이든, 비판하는 사람이든 비록 다른 사안에는 의견이 다르다 해도 이것에는 동의한다. 자본주의 옹호자들에게 자본주의가 사회주의보다 더 나은 이유를 물어보라. 인간은 천성적으로 이기적이어서 천성에 부합하는 사회제도에서 사는 것이 당연하기 때문이라는 대답이 돌아올 것이다. 자본주의 비판자들에게 왜 사회주의를 선호하는지 물어보라. 자본주의는 인간의 가장 저급하고 이기적인 충동을 부추기고 정의와 평등 같은 더 고상한 가치를 저버리기 때문이라는 대답을 들을 것이다. 따라서 영화 〈월스트리트〉에서 배우 마이클 더글러스가 연기한 악덕 금융가 고든 게코Gorden Gekko가 분명하게 선언했듯이, 양쪽은 '탐욕은 좋은 것이다'라는 명제가 자본주의의 핵심 원리임에 동의한다.

'이기심'이란 정확히 무엇일까? 애덤 스미스는 이 질문에 몇 가지 유용한 통찰을 제시한다. 스미스는 흔히 '이기심의 옹호자'로 간주된다. 노벨경제학상 수상자 조지 스티글러George Stigler는 이기심이 스미스 사상체계의 기초라고 썼다. 하지만 여기에서 주의할 점이 있다. 스미스는 분명히 이기심이 우리의 본성이라고 생각한다. 이 장의 인용문이 분명하게 보여주듯이, 그는 모든 인간이 천성적으로 자기 안위를 먼저, 그리고 중요하게 여긴다고 보았다. 좀 더 근본적인 의미에서 인간에게 이기적인 성향이 '각인'된 것으로 생각했다고 말해도 무방할 것이다. 하지만 또 다른 분명한 사실은 스미스가 말한 이기심의 의미가 스티글러 박사나 고든 게코가 말한 것과 매우 다르다는 점이다.

첫째, 이기심을 통해 천성적으로 무엇을 추구하게 되는가에 대한 스미스의 생각을 살펴보자. 스미스에 따르면, 타고난 이기심을 따라 사는 사람의 목표는 '자기 안위'이다. 오늘날에는 그런 사람을 '스스로를 잘 돌보는 사람'이라고 말할 수 있을 것이다. 다름 아닌 자기 자신의 상태를 잘 챙기는 사람이다. 이들은 좋은 음식을 먹고 과음하지 않으며 충분한 운동과 수면을 취한다.

스미스의 생각을 정확히 말하자면, 인간에게 천성적으로 가장 앞서는 중요한 일은 기본욕구를 충족하는 것이며, 특히 생존에 필요한 신체적 욕구를 채우는 것이다. 그는 나중에 이렇게 말한다. "신체 보호와 건강 유지야말로 자연이 모든 개인의 생존을 위해 최우선적인 목표로 삼도록 권고하는 가치일 것이다."

요점은 기본욕구가 욕심과는 다르다는 것이다. 신체의 기본욕구는 태어날 때 정해지고 음식이나 휴식 같은 특정한 대상으로 한정된다. 그러나 우리의 욕심과 욕망은 다른 곳에서 비롯된다. 자동차를 고를 때 포드보다 페라리를 구입하는 것이 합리적이라고 생각하는 사람조차도 페라리를 원하는 것이 인간의 '타고난 본능'이라고 말하지는 않을 것이다. 중요한 점은 스미스의 주장에 따르면 페라리를 원하는 것이 천성적이지 않다는 것이다. 그가 생각한 인간의 타고난 이기심은 자기 자신을 돌보는 이기심이지, 게코가 말한 '탐욕'이 아니다.

둘째, 스미스는 인간의 이기심이 타고난 것이라고 주장하긴 했지만, 그렇다고 이기심이 좋은 것이라고 말하지는 않는다. 다시 고든 게코 이야기로 돌아가보자. 그는 탐욕이 타고나는 것은 아니지만 '좋은 것'이라고 주장한다. 이 말은 적어도 두 가지 내용을 의미할 수 있다. 먼저, 탐욕이 사회에 유용하다는 뜻일 수 있다. 탐욕에 사로잡힌 소비자들의 행동이 더 높은 생산성을 자극하고 더 부유한 사회를 만드는 경우에 한해서 말이다. 둘째, 탐욕이 어느 정도는 도덕적이거나 윤리적이라는 의미일 수 있다. 철학자 아인 랜드Ayn Rand가『이기심의 미덕The Virtue of Selfishness』에서 주장했듯이 흔히 우리가 악덕이라고 부르는 것도 실제로는 미덕인 경우가 있다. 두 입장 중 어느 것이 스미스의 견해일까?

상당히 많은 증거에 따르면, 스미스는 첫 번째 주장에 동의하는 것으로 보인다. 『도덕감정론』에서(『국부론』은 말할 것도 없이) 그는 이기심이 인류의 산업이 계속 발전하도록 촉진하기 때문에 '자연'이 우리를 이기적으로 만든 것은 좋은 것이라고 말한다. 산업의 발전은 사회 전체에 실질적인 혜택을 제공한다. 구체적으로, 부자들은 '타고난 이기심과 탐욕'에도 불구하고(또는 아마도 그 때문에) 자신들의 이기적인 활동이 창출한 부를 결국 가난한 사람들과 나누게 된다. 여기에서 그 유명한 '보이지 않는 손'이 등장한다. 아울러 스미스는 부자들이 보이지 않는 손에 이끌려 생활필수품을 모든 사람에게 거의 같은 수준으로 배분하게 되며, 이것은 토지를 이 땅의 모든 거주자에게 똑같이 배분했을 경우 이루어지는 수준과 같다고 설명한다. 간단히 말해, 우리의 이기심은 모든 사람에게 생활필수품을 제공한다. 따라서 이기심은 개인의 이익을 향상할 뿐만 아니라 '사회의 이익'도 증진한다.

스미스는 확실히 이기심이 유용하다고 생각한다. 하지만 도덕적 의미에서도 이기심을 좋다고 생각할까? 우리는 여기에 주의를 기울일 필요가 있다. 간단히 말하자면, 이것은 상황에 따라 바뀌는데, 특히 우리가 이기심을 추구하는 방식에 따라 달라진다. 스미스는 나중에 개인적인 행복과 이익에 대한 우리의 관심이 많은 경우 매우 칭찬할 만한 행동 원리일 수 있으며, 이기적인 동기로 인한 어떤 행동은 실제로 '모든 사람의 존중과 인정을 받을 만한 가치'가 있다고 분명히 말한다.

하지만 애덤 스미스는 결코 순진한 사람이 아니었다. 스미스는 이기적인 마음에서 엄청난 재화를 소유하려는 사람들이 종종 불의와 과도한 낭비를 일삼는 방식으로 행동한다는 것을 잘 알았다. 따라서 이기심의 선함에 대한 스미스의 입장은 게코의 입장보다 더 미묘하다. 스미스는 도덕적인 방식으로 이기심을 추구할 수 있다고 생각했다. 동시에 부도덕한 방식으로 추구할 수도 있다고(심지어 자주 그렇다고) 생각했다. 행복한 삶을 위한 핵심적인 과제 중 하나는 이 두 가지 방식 간의 차이를 이해하는 것이다. 뒤에서 이 부분에 대해 다시 살펴보도록 하자.

　마지막으로 이기심에 대해 언급해야 할 중요한 내용이 있다. 스미스는 인용문의 말미에서 모든 사람이 타인을 돌보는 것보다는 자신을 돌보는 일에 더 적합하고 능숙하다고 주장한다. 이것은 두 가지 의미로 해석될 수 있다. 첫째, 다른 사람이 우리를 돌보는 것보다 우리가 자기 자신을 돌볼 때 더 효과적이라는 말로 이해할 수 있다. 둘째, 우리는 다른 사람을 돌보는 것보다 자기 자신을 더 잘 돌볼 수 있다는 뜻일 수 있다. 내 생각에 스미스는 두 가지 해석에 모두 동의할 것이다. 이러한 사상에는 개인적인 책임이 수반된다. 우리 각자는 자신에 대한 최고의 관리자이며, 다른 사람들도 그들 자신에 대한 최고의 관리자임을 인정할 때 모든 것이 더 좋아진다는 것이다.

　이 부분은 중요하기 때문에 나중에 다시 살펴보기로 하자. 이 장의 요점은 스미스가 확실히 인간의 본성이 이기적이라고 생각했다는 것이다. 하지만 그의 표현은 매우 특정한 의미를 나타내며, 오늘날 우리가 흔히 이기심이나 자본주의에 대해 말할 때 사용하는 의미에 비해 훨씬 더 제한적이다.

"이기심은
개인의 이익을 향상할 뿐만 아니라
사회의 이익도 증진한다."

타인에 대한 관심

이타심이라는 또 다른 본성의 가치

"인간이 아무리 이기적인 존재라 해도 그 본성에는 어떤 원리가
분명히 존재한다. 다른 사람의 처지에 관심을 갖게 하고 그들의
행복이 자신에게 필수적이라고 생각하게 만드는 것이다."

_ 「도덕감정론」, 1부, 1편, 1장

즉, 우리의 본성은 이기적일 뿐만 아니라
이타적이기도 하다.

앞서 보았듯이 애덤 스미스는 이기심이 우리의 본성이라고 생각한다. 그러나 이것이 우리의 유일한 본성은 아니다. 우리는 천성적으로 자신의 안위를 돌볼 뿐 아니라 다른 사람의 안위도 살핀다. 스미스가 말했듯이 우리 본성 안에는 다른 사람에게 관심을 갖게 하고 또 그들의 행복에 관심을 갖게 하는 몇 가지 원리가 있다. 이 원리가 무엇인지, 또한 스미스가 어떻게 그런 생각을 갖게 되었는지 뒤에서 좀 더 설명할 것이지만, 여기에선 일단 그것이 자명한 사실이라고만 이야기하겠다. 우리는 단순하지만 중요한 그의 요점에서 눈길을 떼서는 안 된다. 즉, 이기심이 우리 본성의 일부일 뿐이며, 다른 사람에게 관심을 갖게 되는 또 다른 본성이 있다는 점이다.

이것은 놀랍고도 중요한 주장이다. 다른 사람도 아닌 애덤 스미스의 주장이기 때문이다. 그의 대중적인 명성을 고려할 때, 1장의 인용문에서 보았듯이 그가 인간의 선천적인 이기심에 대해 말하는 데에는 아무도 놀라지 않을 것이다. 그러나 2장의 인용문은 스미스가 이기심의 수호성인이라는 시각에 익숙한 사람에게 약간 충격적일 수 있다. 하지만 스미스는 분명히 이렇게 말했으며, 이는 그의 주요 관심사가 아닌 것으로 쉽게 치부하거나 별 의미 없이 내뱉은 말로 여길 만한 것이 아니다.

사실 이 인용문은 『도덕감정론』의 제일 첫 구절이며, 이 사실은 이 내용이 그에게 얼마나 중요한 것인지 암시한다. 다시 말해, 오늘날 애덤 스미스는 흔히 이기심의 투사라는 익숙한 캐릭터로 소개되지만, 정작 스미스 본인은 다른 사람에 대한 관심을 촉구하는 책으로 자신의 윤리학 저서를 소개한다. 그는 이기심보다 다른 사람에 대한 본성적인 관심이라는 렌즈를 통해 우리의 도덕적 삶을 바라보길 원한다.

스미스의 주장이 놀라운 두 번째 이유가 있다. 지금까지 우리는 스미스가 말하는 내용을 '타인에 대한 흥미' 또는 '타인에 대한 관심'으로 기술했다. 그가 여기에서 사용하는 언어를 고려할 때 이것이 타당해 보인다. 하지만 이 용어는 그가 추구한 모든 내용을 표현하기에는 부족하다. '관심'에 관한 논의가 감정과 무관하다는 점도 한 가지 원인이다. 오늘날 우리가 자신뿐만 아니라 타인에 대해 '관심을 갖는다'라는 표현은 현대 사회과학에서, 특히 이기주의와 이타주의에 관한 임상적 논의에서 자주 사용된다. 오늘날 이기주의와 이타주의에 관한 사회과학 연구를 통해 중요한 통찰이 많이 제시되었으며, 그것의 중요성을 축소하고 싶은 생각은 없다. 하지만 스미스가 오늘날 대다수의 사회과학자들이 주장하는 것보다 더 강력한 주장을 하고 있다는 점을 깨닫는 것이 중요하다.

스미스의 핵심 요점, 그의 근본적인 사상은 단순히 우리가 다른 사람에 대한 이타적인 관심을 타고 난다는 데 그치지 않는다. 그보다 훨씬 더 강력하다. 자연이 실제로 우리에게 부여한 것은 타인의 행복이 우리에게 '필수적'일 정도로 확실하고 강력하게 타인에게 관심을 갖는 것이다.

이것이 매우 강력한 주장인 이유가 몇 가지 있다. 무엇보다도, 스미스는 타인의 행복이 우리에게 필수적이라고 말함으로써 개인과 공동체, 자아와 사회를 나누는 일반적인 구별을 없앤다. 오늘날 우리는 자아와 사회가 다르다고 생각하는 경향이 있다. 하지만 스미스는 이런 생각에 반대한다. 근본적으로, 우리 모두는 개인적으로 자아실현을 추구하지만 불가피하게 주변 사람들과 긴밀하게 연결되어 있다. 이것은 중요한 사회적, 정치적 의미를 갖는다. 공동체 내의 다른 사람들의 행복이 우리에게 정말 필수적이라면 현재의 많은 정책들, 특히 다른 집단을 희생하고 특정 집단에 특권적 행복을 제공하는 정책은 재고될 필요가 있다.

지금 중요한 것은 스미스가 자신의 행복과 타인의 행복이 서로 제로섬zero-sum 관계에 있다는 생각을 전적으로 거부한다는 점이다. 그가 보기에 타인이 불행할 때 내가 더없이 행복할 수 있다는 주장은 사실이 아니다. 스미스는 제로섬이 세상에서 가장 이기적인 사람들에게만 해당되는 말이라고 생각한다. '인간이 아무리 이기적인 존재라 해도' 사람들은 함께 사는 사람들이 행복할 때 더 행복하다.

스미스의 이 주장이 매우 중요한 데는 또 다른 이유가 있다. 이 책의 핵심 주제와 관련된 내용을 제시하기 때문이다. 우리의 주제는 삶, 나아가 삶의 다른 부분들이 함께 조화를 이루고 하나로 통합되는 삶이라는 도전과제이다. 아주 좋은 삶 같다. 그러나 『도덕감정론』의 첫 구절에서 스미스는 이런 삶을 사는 것이 얼마나 어려운지에 대해 암시한다. 천성적으로 우리에게는 다른 방향을 바라보는 두 얼굴이 있기 때문이다. 하나는 자신의 안위와 행복을 돌보고, 다른 하나는 타인과 타인의 행복에 관심을 갖는다. 스미스는 그의 책 후반부에서 다시 이것을 다루면서 "우리는 이기심과 자비심에 대한 애착으로 크게 분리되어 있다"라고 말한다. 이것은 단순한 관찰이다. 하지만 이 '분리'는 통합적인 삶을 살려는 우리가 직면해야 할 가장 큰 도전과제가 될 수 있다.

우리의 본성이 분리되어 있지 않다면 삶은 쉬울 것이다. 자신만 돌본다면 우리가 무엇을 해야 할지 으레 알 수 있을 것이다. 모순적인 감정에 방해받지 않고 다른 사람들을 잊고 이기적인 삶을 살 수 있다. 이것은 좋은 삶은 아니겠지만 적어도 일관성 있는 삶이다. 마찬가지로, 자신에 대해 전혀 생각하지 않고 타인의 행복과 안위만 돌본다면 우리는 타인의 안위와 행복에만 온 마음을 다해 헌신할 수 있다. 우리의 이기심은 동료에 대한 헌신을 절대 가로막지 않을 것이다. 그러나 우리 본성의 두 측면을 공평하게 대우하길 바란다면, 실제로 이 같은 두 가지 길은 어느 것도 가능하지 않다. 자연이 우리 각자에게 부여한 본성의 절반을 희생할 각오가 되지 않았다면 말이다. 우리 대부분은 그러할 것이다. 그렇다면 우리는 본성의 두 측면, 즉 자신과 타인에 대한 관심을 모두 실현할 수 있는 삶의 방식을 찾아야 한다.

타인을 위한 행동

| 행동하지 않는 관심은 무의미하다

"인간은 행동하도록 만들어졌고, 행동을 통해 모든 사람의 행복
에 가장 유익한 방향으로 자신과 타인의 외부 환경을 바꾼다."

_『도덕감정론』, 2부, 3편, 3장

즉, 우리는 타인에게 관심을 가질 뿐만 아니라
행동하도록 태어났다.

이 구절은 애덤 스미스의 모든 저작에서 가장 놀랍고 중요한 내용으로 보인다. 이는 매우 대담한 주장이며, 그동안 스미스를 이기심에 기초한 자본주의 옹호자로 알았던 사람이라면 결코 예상치 못할 내용이다. 간단히 말해, 스미스의 주장은 인간 본성에 관한 것이다. 구체적으로, 우리는 우리 자신뿐만 아니라 타인을 위해 행동하도록 만들어졌다는 뜻이다. 우리의 친구 고든 게코가 절대 동의할 수 없는 말이다. 스미스의 주장이 게코의 시각과 얼마나 다른지 보려면 몇 부분으로 나누어 살펴볼 필요가 있다.

첫째, 여기에서 중요한 점은 스미스가 타인에 대한 감정과 타인을 위한 행동을 구체적이고도 분명하게 구분한다는 것이다. 스미스는 타인에 대해 단순히 공감만 하는 부류를 그다지 좋게 바라보지 않는다. 이들은 자기가 마음속으로 모든 사람이 행복하길 바란다는 이유로 스스로를 인류의 친구라고 믿을 뿐더러, 자신의 '선한 성격과 다정한 소망'을 고백하길(종종 아주 크게 떠벌리길) 좋아하는 부류이다. 하지만 선한 소망을 실현하기 위해 힘껏 노력하지 않는다면 스미스가 보기에 그런 바람 자체는 그다지 중요하지 않다. 이런 부류는 타인을 나쁜 사람이라고 생각하면서 상대적으로 자신을 좋은 사람이라고 느끼기 쉽다.

스미스는 그런 사람들에게는 칭찬할 것이 전혀 없다고 생각한다. 칭찬과 찬사를 받을 가치가 있는 것은 혼자서 또는 소극적으로 느끼는 따뜻한 감정이 아니라, 열정과 노력을 기울이는 '행동'과 '분투'이다. 스미스는 당연히 실천이 힘들다는 것을 알며, 이렇게 살기 원하는 사람은 '영혼의 모든 힘'과 '온 신경'을 기울일 것이라고 말한다. 마음이 약한 사람은 이런 삶을 감당할 수 없다.

스미스가 감정과 행동을 구분한 것은 많은 시사점을 제공한다. 한 철학자는 스미스가 언급한 구분을 '자비심'과 '선행'의 구분이라고 설명한다. 그러나 선한 의지와 실질적인 선행 간의 구분에서 가장 중요한 점은 이런 구분을 통해 어떻게 스미스가 인간 본성에 대해 우리가 지금껏 그에 대해 생각했던 것보다 훨씬 더 강한 주장을 하게 되었는가 하는 것이다.

2장에서 그는 우리가 타인의 행복에 대해 천성적인 '관심'을 기울인다고 주장했다. 그러나 여기에서는 타인의 행복에 대한 공정한 관심보다 훨씬 더 강력한 무언가를 자연이 우리에게 제공한다고 말한다. 타인에 대한 관심은 따뜻한 감정 이상이다. 심지어 고상하고 이상적인 이타주의조차 넘어선다. 이런 성향은 소극적인 것이다. 이와 반대로, 스미스는 타인에 대한 본성적 관심이 실천적인 것이라고 생각한다. 나아가 우리가 무엇을 할 것인지, 궁극적으로 어떻게 살 것인지에 대해 동기를 부여하고 안내한다.

　　스미스의 주장의 또 다른 핵심 내용은 이런 행동의 목적과 관련된다. 스미스는 행동의 목적이 '자신과 타인의 외부 환경을 바꾸도록' 촉진하는 것이라고 말한다. 스미스는 외부 환경의 변화에 대해 말할 때 그 의미를 명확하게 언급하지 않는다. 하지만 몇 가지 단서를 제시한다. 첫째, '외부 환경'이라는 언급을 통해 타인을 위한 행동의 초점이 실제적인 행복임을 암시한다. 즉, 우리가 타인을 위해 행동할 때 우리는 그들의 머릿속으로 들어가려고 노력하지 않는다. 그들의 생각을 바꾸거나 다른 가치관을 받아들이게 하거나 깨달음을 얻게 하려고 하지 않는다. 대신 그들이 현재 처한 상황을 개선하기 위해 할 수 있는 일을 하려고 노력한다. 가난이나 질병, 슬픔이 초래할 수 있는 고통을 줄이기 위해 최선을 다한다. 더 나아가 우리가 도움을 주려는 사람들은 멀리 있는 사람들이 아니라 주변 사람들이다. 즉, 우리의 이웃, 함께 사는 사람들, 우리의 직접적인 행동으로 가장 직접적인 도움을(혹은 피해를) 받을 수 있는 사람들이다.

어쨌든, 우리의 사명은 우리가 무엇을 하든지, '모든 사람의 행복에 가장 유익한' 변화를 촉진하는 방식으로 행동하는 것이다. 이것이 중요하다. 이 주장의 요점은 우리의 행동이 다른 집단이나 개인(우리 자신을 포함하여)을 희생하면서 특정 집단이나 개인(우리 자신을 포함하여)의 행복을 증진하지 않도록 해야 한다는 것이다. 스미스는 인간이 자신과 타인의 외부 환경을 개선하도록 만들어졌다는 주장을 통해 이것을 분명히 보여준다. 달리 말하면, 우리는 단순히 타인을 위해 자신을 희생하도록 만들어진 것도 아니고, 자신의 이익을 위해 타인의 이익을 희생하도록 만들어진 것도 아니다.

우리의 타고난 본성을 고려할 때 완벽한 이타주의도, 완벽한 이기주의도 우리에게 적절하지 않다. 더군다나 가능하지도 않다. 우리가 해야 할 일은 자신의 정당한 요구와 타인의 정당한 요구에 공정하게 부응하는 방식으로 행동하는 것이다. 잠재적으로 상호 경쟁적인 관심 사이에서 올바른 균형점을 찾는 것이 좋은 삶을 사는 과제의 핵심이다.

마지막으로, 스미스는 우리의 타고난 바에 대해 놀라운 내용을 주장한다. 나는 앞서 스미스가 인간의 본성을 강조한다고 말할 때 이 부분을 소개했다. 하지만 그것은 그가 주장하는 내용의 진면목을 제대로 나타내지 못했다. 우리는 타고난 성향을 갖고 있으며, '본성'의 일부로서 열정과 본능을 갖고 있다고 쉽게 말할 수 있다. 그러나 스미스는 여기서 한 걸음 더 나아가 훨씬 더 강한 주장을 하고 있다. 실제로 우리는 무언가를 위해 '만들어졌다'는 것이다.

이에 대해서는 다양한 논의가 가능하지만 적어도 한 가지는 분명하다. 스미스는 인간이 어떤 목적을 위해 만들어진 피조물이며, 개인적인 욕구와 필요만을 만족시키는 것이 인간의 목적이 아니라고 생각했다는 점이다.

상상력

| 타인의 관심을 갈망하도록 만드는 힘

"인간의 상상력에서 가장 중요한 것은 최대한 타인의 입장에 서
서 보편적인 공감과 관심의 눈으로 바라보는 일이다."

_ 「도덕감정론」, 1부, 3편, 2장

즉, 우리의 신체적 욕구는 우리의 갈망을 온전히
채우지 못하며, 우리는 무엇보다도
타인의 관심을 받기 원한다.

우리는 천성적으로 이기적인 동시에 이타적이라는 사실을 앞서 확인했다. 그렇다면 이기적인 사람들이 원하는 것은 정확히 무엇일까? 1장에서 우리는 인간과 같이 본성적으로 이기적인 존재는 다른 무엇보다 신체적 욕구를 만족시키려 한다는 것을 보았다. 하지만 우리의 욕구는 분명히 이를 훨씬 넘어선다. 그중 가장 중요한 욕구는 애덤 스미스가 설명하는 '공감과 관심'의 욕구일 것이다.

 '공감sympathy'과 '관심attention'이란 무엇일까? 공감은 『도덕감정론』에서 가장 중요한 개념 중 하나이다. 스미스에게 공감은 섬세하고 다소 독특한 의미가 있으며, 이를 제대로 평가하려면 이 주제만을 따로 연구할 필요가 있다. 하지만 이 책의 목적을 고려할 때, 여기서는 간단히 스미스가 공감을 모든 인간이 타고난 성향으로 보았다는 사실, 그리고 인간의 공감 욕구가 우리로 하여금 이른바 '동료의식fellow-feeling'을 바라고 추구하게 만든다는 사실을 언급하는 것으로 충분하다.

스미스는 인간이 이러한 공감 욕구를 통해 자신이 다른 사람의 상황에 처해 있다고 상상해보고, 그의 시각과 입장에서 상황을 바라보려 노력한다고 생각했다. 공감은 스미스의 사회적, 정치적 비전의 근본적인 기초가 된다. 오늘날 문화적, 정치적 논쟁을 살펴보면 반대편의 관점과 시각으로 세상을 바라보려는 노력이 거의 이루어지지 않는다. 이런 상황에서 스미스의 사회적, 정치적 비전은 관심을 기울일 만한 가치가 있다.

　　공감의 이런 측면이 중요하지만 잠시 접어두고, 공감의 다른 측면, 즉 우리의 주요 주제인 삶에서 중심적인 역할을 하는 공감을 살펴보기로 하자. 스미스는 공감이 좋은 것이며, 우리가 본능적으로 타인에게서 공감을 얻고 싶어 한다고 말한다. 우리는 타인과 공감하려는 성향뿐만 아니라 타인이 우리와 공감하기를 바라는 본성을 갖고 있는 것이다. 공감의 이런 면은 스미스가 공감과 짝으로 제시한 관심이라는 개념으로 표현된다.

　　스미스가 관심이란 단어를 사용할 때 염두에 둔 의미는 오늘날 철학자들이 '인정recognition'이란 표현으로 의미하는 것과 크게 다르지 않다. 하지만 여기서는 '관심'이란 용어를 계속 사용하려고 한다. 스미스가 직접 사용했고, 관심이란 단어가 우리 모두에게 더 친숙한 개념이기 때문이다. 스미스가 말하는 내용은 다른 사람들이 우리에게 관심을 보이고 바라보고 주목하기를 원한다는 단순한 사실이다. 우리는 다른 사람들이 자신을 주목하는 것을 좋아하고, 그 때문에 최대한 타인의 눈에 잘 띌 수 있는 위치를 차지하려고 애쓴다.

스미스는 인간과 세상에 대해 심도 있는 진실을 깨달은 듯하다. 그 어느 시대보다 요즘 사람들은 관심의 중심이 되기를 원한다. 물론 고대 그리스와 로마의 시민들도 관심을 받기 위해 경쟁했다. 영광과 인정, 우월함을 쟁취하기 위한 투쟁은 명예를 중시하는 고대 문화에서 근본적인 요소였다. 이 투쟁은 위엄과 영예에 대한 집착으로 이어져 근대 초기 유럽 왕실의 특징이 되었고, 스미스는 이것에 매료되었다. 하지만 스미스의 시대에 변화가 일어나면서 그 변화는 오늘날 우리 세계의 특징이 되었다. 이전 시대의 영광과 명예는 엘리트 계층이 되기 위해 필요한 것이지만, 스미스가 설명하는 관심은 모든 사람이 원하는 매우 민주적인 현상이 되었다.

오늘날 모든 이들이 어느 정도는 타인의 관심을 받을 수 있다. 최근 팽배해진 소셜미디어 현상은 관심에 대한 욕구에 의해 발생한 것이다. 이 같은 소셜미디어 붐은 우리 시대의 특징적인 현상이라고 말할 수 있다. 나의 좀 더 고상한 자아는 소셜미디어의 목적이 인간의 연결성을 증진하고 의미 있는 콘텐츠를 공유하는 것이라고 주장할 것이다. 하지만 좀 더 근본적인 목적은 결국 대부분의 사람들이 콘텐츠를 올리게 만드는 '좋아요'와 팔로워의 유혹이 아닐까. 스미스가 알았던 바로 그 '관심'의 정량적인 수치는 오늘날 우리에게 엄청나게 중요하다.

여기서 몇 가지 질문이 떠오른다. 첫째, 이런 관심 욕구는 정확히 무엇일까? 좋은 것일까? 나쁜 것일까? 스미스는 곧장 판단을 내리지 않는다. 이 시점에서 그는 관심을 칭찬하거나 비난하지도 않고, 관심의 좋은 효과를 강조하거나 나쁜 효과를 한탄하지도 않는다. 나중에는 그렇게 하지만 지금은 단순히 그런 현상을 언급할 뿐이다. 충실한 경험주의자였던 스미스는 연구를 통해 상당히 많은 사람들에게 이러한 관심 욕구가 아주 중요하다는 사실을 발견했다.

두 번째 질문은 관심 욕구가 어디에서 비롯되었는지에 관한 것이다. 스미스는 이 부분에 대해 흥미로운 말을 한다. 신체를 건강하게 유지하려는 인간의 이기심과 달리, 관심 욕구가 '자연'에 의해 주어진 것이라고 말하지 않는다. 오히려 타인의 관심을 받고자 하는 욕구는 우리의 '상상력'에서 비롯된 것이라고 말한다. 이것은 세밀한 검토가 필요한 주장이다.

우리의 상상력이 우리로 하여금 무언가를 원하게 만든다는 말은 무슨 뜻일까? 적어도 스미스는 관심 욕구가 건강과 자기 보존의 욕구와는 전혀 다른 곳에서 비롯된다고 암시하고 있다. 생필품 같은 기본 재화에 대한 욕구가 신체적 욕구에서 비롯되는 반면, 이 새로운 가치에 대한 욕구는 우리의 상상력에 뿌리를 둔다.

여기에는 중요한 의미가 있다. 우리의 신체적 욕구는 일정한 한계가 있다. 생존을 유지하려면 일정량의 음식물이 필요하다. 하지만 일정한 수준이 충족되면 더 이상 필요하지 않다. 너무 많은 음식을 섭취하면 오히려 몸에 해롭다. 신체에는 한계가 있다. 그러나 상상에는 기본적으로 한계가 없다. 상상의 독특한 특징을 살펴보자면, 상상은 물리적 한계가 없고, 시간과 공간의 한계에 구애받지 않고 이동할 수 있다. 이런 점들은 우리 자아의 다른 부분이 할 수 없는 일을 가능하게 해준다.

이러한 무제한성은 상상이 원하는 것에 아무런 제약이 없다는 뜻이기도 하다. 건강 유지에 필요한 음식물이 얼마인지 판단하기는 쉽지만 행복하기 위해 얼마나 많은 관심이 필요한지 판단하기는 매우 어렵다. 칼로리와 트위터의 팔로워는 숫자로 셀 수 있다. 그렇지만 언제 배가 부른지 말할 수 있는 음식물과 달리 얼마나 많은 팔로워가 필요한지 말하기란 결코 쉽지 않다.

상상력에 대한 마지막 내용을 살펴보자. 우리는 상상력에서 나오는 것을 '상상물'이라고 표현한다. 관심 욕구는 상상력에서 비롯된다. 그렇다면 관심도 '상상물'이라는 뜻일까? 너무 성급한 판단은 옳지 않을 수도 있다. 하지만 이런 방식으로 질문을 던져보면 삶을 살아가는 데 필요한 몇 가지 다른 질문을 자문하게 된다. 이를테면, 내가 잘 살기 위해 다른 사람의 관심이 실제로 필요할까? 건강을 필수적이라고 여기는 것처럼 똑같이 상상력에서 비롯된 타인의 관심이 실제로 필수적일까? 아니면 우리는 타인의 관심 없이도 살 수 있지 않을까? 여기에 일종의 절충점이 있지 않을까? 어떤 형태의 관심이 우리에게 더 나을까? 이런 질문에 대답한 뒤에야 우리는 자신의 이기심을 어느 정도까지 추구해야 할지 알 수 있다.

"우리는 본능적으로 타인에게서
'공감'을 얻고 싶어 한다."

상황 개선

| 부와 힘으로 타인의 관심을 얻고자 할 때

"이른바 인생의 큰 목적인 상황 개선에는 어떤 유익이 있을까? 우리가 상황을 개선함으로써 얻고자 하는 이익은 타인으로부터 공감, 인정, 동의의 눈길로 주목과 관심과 호평을 받는 것뿐이다."

_ 「도덕감정론」, 1부, 3편, 2장

즉, 우리는 자신이 원한다고 상상하는
관심을 받기 위해 돈을 벌고
높은 지위를 차지하려고 노력한다.

우리의 몸은 물질적 재화를 필요로 하지만 상상은 더 많은 것을 원한다. 우리는 상상을 통해 타인의 관심을 갈망하게 된다. 하지만 어떻게 관심을 얻을 수 있을까? 다른 사람이 우리에게 관심을 기울이길 원한다면 어떤 일을 해야 할까? 애덤 스미스는 사람들이 타인의 주목과 관심을 얻기 위해 자신의 상황을 '개선'하려고 쉬지 않고 노력한다고 말한다.

'상황 개선'이란 무슨 의미일까? 스미스는 이 주제를 다룬 그의 주요 저서 『국부론』에서 "대부분의 사람들은 재산 증식을 통해 자신의 상황을 개선하려고 한다"라고 했다. 요점은 아주 간단하다. 관심을 받기 원하는 사람들은 대부분 재산을 통해 관심을 얻으려고 한다. 그들은 다양한 상황 중 사회적 지위를 중요하게 여긴다. 몸이나 정신, 영혼의 상황이 아니다. 그리고 그들은 사회적 지위라는 상황을 개선하는 최선의 방법이 돈을 벌어 부자가 되는 것이라고 생각한다. 사실 스미스에 따르면 부자가 되려는 야망에는 관심을 받으려는 욕구와 지위 향상 외에 다른 목적이 없다. 그는 "부자들은 자신의 부 때문에 세상 사람들이 자연스럽게 자신을 주목할 것이라고 여기며 굉장히 좋아한다"라고 말한다.

이것은 대단한 주장이다. 우리는 사람들이 부자가 되고 싶어 하는 몇 가지 이유를 상상해볼 수 있다. 어떤 사람들은 돈으로 살 수 있는 값비싼 물건을 좋아할 것이다. 부를 통해 가족에게 안전을 제공하고 싶을 수도 있다. 일찌감치 은퇴한 후 여가를 즐기고 싶을 수도 있다. 하지만 스미스는 적어도 이 시점에서는 그런 것을 언급하지 않는다. 오히려 우리가 부자가 되고 싶은 것은 다른 사람들이 우리에게 관심을 기울이길 원하기 때문이라고 주장한다. "우리가 부를 추구하고 가난을 피하려는 것은 주로 인간의 이런 감정에서 비롯된다."

이것은 애덤 스미스의 중심 사상이다. 그는 부와 위대함의 '유일한 유익'이 남과 다른 특별함에 대한 욕구를 만족시키는 것임을 상기시킬 때 다시 이 내용을 언급한다. 왜 이 사상을 그렇게 중요하게 여겼을까? 매우 다르지만 양립 가능한 두 가지 이유 때문일 것이다. 여기에는 매우 고무적인 내용이 있다. 인간은 타인의 관심을 원하며 그러한 관심을 얻는 최선의 방법이 부를 추구하는 것이라는 스미스의 주장이 옳다면, 당연히 우리가 원하는 것을 얻기 위해 부를 획득할 수 있는 풍부한 기회를 제공하는 상업사회에 사는 것을 매우 다행스럽게 생각할 것이다.

상업사회에서 최고의 부자들, 가령 악명 높은 1퍼센트의 부유층만이 이런 혜택을 누리는 것은 아니라는 사실을 인식한다면 이런 주장은 훨씬 더 의미가 있다. 많은 사람들이 빈곤에서 벗어나 보통 수준의 부를 소유하는 사회는 엘리트 계층보다 훨씬 더 많은 이들에게 인정의 기쁨을 느끼게 해준다. 흔히 알려진 스미스의 대중적인 평판 때문에 많은 사람들이 모를 수도 있지만, 그는 실제로 가난한 사람들의 곤경을 매우 염려했다. 그가 상업사회를 옹호한 주된 이유 역시 그런 사회가 가난한 사람들에게 혜택을 제공하기 때문이다.

스미스가 빈곤에 대해 걱정한 내용에는 가난한 사람들의 처우도 포함된다. 그는 이번 장의 인용문이 포함된 단락에서 빈곤층의 처지를 생생하게 묘사하는데, 빈곤 때문에 가난한 사람이 '인간 취급을 받지 못한다'라고 설명한다. 또 가난한 사람은 무시당하고, 잊힌 인간으로 살아야 하며, 부유한 사람은 가난한 사람에게서 눈을 돌린다고 표현했다.

스미스는 매우 일반적인 현상을 훌륭하게 포착한다. 즉, 부자들은 흔히 칭송을 받지만 가난한 사람들은 의도적으로 무시당한다. 이러한 관점에서 바라보면 부와 관심의 관련성이 분명하게 드러난다. 스미스는 이런 현상이 허세를 부리는 사람들이 자신의 페라리 자동차로 쏟아지는 시선을 즐기는 것과는 다르다고 생각했다. 만약 가난한 사람들이 중산층이 누리는 정도의 인정과 존중조차 제대로 받지 못한다면, 우리는 최대한 많은 사람들이 자신의 상황을 개선하고 이를 통해 존엄한 삶에 필수적인 존중과 인정을 누릴 수 있는 세상을 꿈꿀 수밖에 없다.

지금 우리가 사는 세상이 그런 세상인지 진지하게 질문해보아야 한다. 과연 오늘날 우리 가운데 가장 빈곤한 사람들은 자신의 상황을 개선하기 위한 충분한 기회를 얻고 있는가? 하지만 이 책의 목적을 고려할 때 요점은 이렇다. 스미스가 상업사회를 높게 평가한 것은 무엇보다도 그런 사회가 빈곤을 구제하고 가난한 사람들이 존엄한 삶을 살도록 할 역량이 있다고 보았기 때문이다. 아울러 그는 이 모든 것에 드리워진 더 어두운 면이 있다는 것도 잘 알았다. 이 어두운 면은 부와 관심의 관련성이 삶의 다양한 활동에 미치는 영향을 생각할 때 더욱 분명해진다.

스미스는 부를 이용해 타인의 관심을 살 수 있다는 점을 잘 이해했다. 하지만 그는 부를 통해 관심을 얻는 대신 대가를 치르게 된다는 것도 알았다. 특히 관심만큼이나 중요한 다른 가치를 대가로 내놓아야 한다. 이것은 최선의 삶을 살려고 노력하는 사람들에게 관심보다 훨씬 더 중요한 가치이다. 공교롭게도, 이는 스미스의 연구에서 매우 큰 주제이다. 하지만 방금 그가 말한 내용으로 돌아가서 이 내용을 소개할 수 있다. 앞서 보았듯이, 스미스는 부와 힘이 소중한 까닭은 그것이 남과 다르다는 특별함의 욕구를 만족시켜주기 때문이라고 말했다. 그러나 같은 페이지에서 "부와 힘은 별 가치 없는 싸구려 장신구이며, 육체의 안락함이나 마음의 평안을 얻는 데는 장난감 애호가의 소장품보다 못하다"라고 말하기도 했다. 이것을 좀 더 깊이 생각해보자.

부는 상상이 원하는 것을 제공한다. 하지만 부는 육체가 원하는 '안락함'을 주지 못하고, 마음이 원하는 '평안'을 제공하지도 않는다. 남다른 부를 얻고 유지하려면 그만큼 심신이 분주하고 고달프기 때문이다. 이 말이 옳다면 상업적인 삶은 우리가 필요로 하고 원하는 것 중 일부를 제공할 수는 있지만 동시에 대부분의 것은 제공하지 못한다.

불행과 무질서

"인생의 불행과 무질서의 큰 원천은 일상적인 상황과 특별한 상황의 차이를 과대평가하는 것에서 비롯된다."

_ 「도덕감정론」, 3부, 3장

즉, 불행은 우리에게 없는 것을 과대평가하고
가진 것을 과소평가하는 데 있다.

5장에서 상황 개선을 통해서는 우리가 필요한 것과 원하는 것의 전부가 아니라 일부만 얻을 수 있다는 것을 알았다. 상황 개선을 통해 우리는 타인의 관심을 끌 수 있다. 하지만 그것을 통해 몸의 안락함과 마음의 평온을 얻지는 못한다. 하지만 상황이 더 악화된다면 어떻게 될까? 상황 개선을 위해 노력하여 다른 사람들과 재화를 교환하는 것이 아니라 다른 재화를 즐길 기회마저도 박탈된다면?

스미스는 인용문에서 이에 대해 말한다. 앞서 보았듯이 그는 우리가 상황을 개선하려는 이유, 더 많은 수입과 더 높은 사회적 지위를 얻으려고 열심히 일하는 이유가 우리를 행복하게 만드는 관심을 얻을 수 있기 때문이라고 생각한다. 그러나 그 길의 끝에는 행복이나 성취감이 아니라 정반대로 '불행'과 '무질서'가 놓여 있다!

도대체 스미스는 무슨 말을 하려는 걸까? 이것을 이해하려면 실제로 그가 두 가지 다른 내용을 강조하고 있다는 것을 알아야 한다.

첫 번째는 우리가 갖지 못한 것을 지나치게 소중하게 여기는, 스미스가 말하듯이 '과대평가'하는 성향이다. 이것은 우리가 흔히 경험하는 현상이다. 어떤 물건에 흥분해 돈을 펑펑 쓰지만 몇 달 뒤, 또는 몇 주나 며칠, 심지어 몇 시간 만에 그것을 지겨워하는 사람들은 잘 이해할 것이다.

요즘 경제학자들은 복권 당첨자를 사례로 들기 좋아한다. 사람들은 거액의 당첨금으로 인생 역전을 꿈꾸며 복권을 구입하지만, 우리는 실제로 복권에 당첨된 뒤 오히려 삶이 파괴되고 당첨 전보다 더 불행해진 사례들을 너무나 자주 접한다. 스미스는 오래전인 1759년에 이미 이 사실을 알았다. "탐욕은 가난과 부의 차이를 과대평가한다. 야망은 사적인 지위와 공적인 지위의 차이를, 헛된 영광은 무명과 명성의 차이를 과대평가한다." 지금껏 우리는 가난과 부유함 사이, 무명과 명성 사이에 큰 차이가 있다고 믿어왔다. 하지만 스미스는 우리가 희망과 꿈에 사로잡혀 생각하는 것만큼 큰 차이는 없다고 말한다.

사실 상상 속 미래의 모습에 대한 과도한 가치 부여는 문제의 절반에 불과하다. 다른 측면은 현재 상태의 가치를 낮게 평가하는 성향이다. 이것 또한 우리에게 결코 낯설지 않다. 시간을 내어 자신이 받은 축복을 모두 헤아려보고 이미 갖고 있는 많은 선물에 감사하는 사람은 드물다. 알고 보면, 우리 중 가장 평범한 사람조차도 원하는 만큼 행복하기 위해 필요한 모든 것을 갖고 있다.

스미스는 이에 대해 분명히 말한다. 그는 이번 장의 인용문이 쓰인 페이지에서 "인생의 일상적인 상황에서 마음이 선량한 사람은 평온하고 쾌활하며 만족스러워한다"라고 했다. 이어지는 페이지에서는 훨씬 강력하게 주장을 전개하면서 빛나고 의기양양한 상상 속의 자기 모습과 비천한 처지인 실제 상황을 대조한다. 그의 요점은 우리의 실제 행복을 찾을 수 있는 곳은 오직 후자라는 것이다. '허영과 거만의 기쁨'은 실제적이고 만족스러운 기쁨의 원리이자 토대인 완전한 평온과 제대로 조화를 이루지 못하기 때문이다.

스미스는 『도덕감정론』의 많은 독자에게 깊은 인상을 남긴 우화를 이용하여 이 주장을 납득시킨다. 『도덕감정론』의 4부에서 그는 '가난한 사람의 아들'에 관한 경고성 이야기를 들려준다. "하늘이 이 아들에게 진노하여 야망을 그의 마음에 심었다. 젊은 아들이 자기 주변을 돌아보다가 부자들의 생활 여건에 감탄하게 된다." 그 뒤 그는 부자들이 가진 것을 누린다는 것이 어떤 모습인지 상상하기 시작하고, 점차 엄청난 행복에 대한 터무니없는 생각에 빠진다. 그러고는 그것을 얻기 위해 일을 한다. 그는 부와 힘을 추구하는 데 자신을 완전히 바친다.

지금까지 스미스의 주장을 따라온 사람이면 누구나 그 결과를 예측할 수 있다. 남보다 앞서기 위해 열심히 일한 그는 야망의 노예가 되지 않았다면 겪지 않았을 어려움을 겪는다. 일반적인 수준보다 몸이 더 피곤해지고, 마음도 더 불편해진다. 결코 도달하지 못할지도 모르는 미래의 거창한 행복을 쫓아가느라 자신이 항상 누릴수 있는 실제적인 평온을 희생한다. 임종 때 그는 자기가 품었던 야망을 저주하고, 자신에게 실제로 아무런 만족도 주지 못했던 야망을 성취하려고 실제로 손에 넣을 수 있는 다른 기쁨을 어리석게 포기한 것을 한탄한다.

이 이야기는 도전적인 내용이다. 글래스고대학의 학생들은 철학수업에서 스미스가 책에 쓴 이 우화의 초기 버전을 들었을 것이다. 이것은 오늘날 나의 학생들에게도 도전적인 내용이다. 이 내용을 읽은 학생들은 성공을 위해 자신들이 쏟아 부은 엄청난 시간과 에

너지(공부와 일, 인턴 활동, 인맥 형성, 과외활동 등)가 결국 자신에게 얼마나 가치 있을지 묻게 된다. 이것은 자연스러운 반응으로서, 스미스가 이 이야기를 할 때 우리에게 기대했음직한 것이다. 하지만 그는 이 이야기에서 우리가 어떤 교훈을 얻기를 바랄까? 상상이 과장하는 것만큼 '관심'이 우리에게 그렇게 좋은 것은 아닐 수 있음을 깨닫는다면 우리는 어떤 삶을 살아야 할까?

스미스가 이 이야기를 통해 단순히 극심한 무한경쟁을 그만두고 자신의 상황을 개선하기 위한 노력을 포기하라는 교훈을 주고자 한 것은 아닐 것이다. 그는 그런 상태가 사회에 좋을 것이라고 생각할 정도로 형편없는 경제학자는 아니었다. 무엇보다도, 부의 증가와 빈곤의 완화를 이끄는 경제 성장은 상황을 개선하려는 우리의 타고난 욕구에 따라 행동할 때 가능하다. 스미스는 우리의 노력이 사회 전체의 윤택함뿐만 아니라 개인의 행복에 어떤 영향을 미치는지 생각해보길 원한다. 가난한 사람의 아들 이야기는 주인공이 상황을 개선하려는 특정 방식이 사회에는 유익하지만 자신의 행복에는 나쁘다는 교훈을 준다. 그렇다면 다음과 같은 질문이 떠오른다. 상황을 개선하는 다른 방식은 없을까? 사회에도 좋고 아울러 우리 자신에게도 좋은 그런 방법 말이다. 만약 있다면 어떤 방법일까?

건강한 정신

| 행복은 신체적 쾌락만으로 충족되지 않는다

> "우리가 마음으로 느끼는 행복과 불행은 신체의 건강보다는 마음
> 이 건강한가, 병들어 있는가, 혹은 마음이 평안한가, 상해 있는가
> 에 달려 있다."
>
> _ 「국부론」, 5편, 1장, 3절

즉, 행복은 우리 안에 존재한다.
특히 건강한 정신에 있다.

애덤 스미스는 두 권의 책을 썼다. 하나는 윤리학에 관한 것이고 다른 하나는 경제학에 관한 것이다. 지금 우리는 삶의 의미에 대한 문제에 관심이 있기 때문에 이 책은『국부론』보다는『도덕감정론』에 좀 더 초점을 맞춘다. 그렇다고 해서『국부론』에 삶에 대한 통찰이 전혀 없다면 오히려 놀라운 일일 것이다. 무엇보다, (천 페이지가 넘는 분량은 제외하고도) 동일한 저자가 썼으니 말이다. 그렇다면『국부론』은 우리의 질문에 무엇이라고 대답할까?

아니나 다를까,『국부론』에는 삶에 관한 내용이 상당히 많다. 이 점은 특별히 언급할 가치가 있다. 오랫동안『도덕감정론』과『국부론』은 서로 거의 관련이 없는 것으로 여겨졌다. 한 책은 공감에 관한 책이고 다른 책은 이기심에 관한 책이라고 회자되었기 때문이다. 이런 까닭으로 독일 학자들에 의해 애덤 스미스의 문제, 혹은 두 책의 일관성에 관한 문제라고 일컫는 논쟁에 대한 많은 글이 발표되었다. 오늘날 학자들은 이 두 책의 공통부분에 대해 더 많이 알게 되면서 더 이상 이것을 문제라고 보지 않는다. 여기서 나는 『국부론』이 좋은 삶을 위한 도전과제에 대해 언급한 핵심적인 통찰을 다루려고 한다.

스미스의 관점은 이 장의 인용문에 간단히 표현되어 있듯이, 행복은 물리적 조건의 결과라기보다는 심리적 조건의 결과라는 것이다. 이 통찰은 스미스가 『도덕감정론』에서 전개한 행복론의 중심 내용이다. 이후의 장에서 스미스가 행복한 마음이 어떤 것이라고 생각했는지 자세히 살펴볼 것이다. 하지만 여기서 우리는 이런 사상이 『국부론』에 나타난 스미스의 경제학과 어떻게 연결되는지 간단히 언급할 필요가 있다. 이 사상이 흥미로워지기 시작하는 부분은 바로 이 지점이다.

사실, 행복이 몸보다는 마음의 문제라는 사상은 혁명적인 생각이 아니다. 스토아학파가 수천 년 전에 그렇게 주장했고, 오늘날 마음수련 전문가들도 계속 이것을 강조한다. 하지만 스미스의 사상이 중요한 가치가 있는 까닭은 이 사상이 경제적 삶에 미치는 의미를 이해했기 때문이다.

스미스는 특히 두 가지 의미를 지적한다. 첫째, 물리적, 신체적 편안함을 제공하는 것들이 행복의 충분조건이 아니라는 사실이다. 오늘날 사람들은 종종 이런 점을 제대로 이해하지 못한다. 우리는 흔히 '삶을 편안하게 하는 것들'이라고 부르는 물질적인 것들이 행복의 원천인 양 행동한다. 예를 들면, 수십 년 동안 나는 《월스트리트 저널》을 구독했다. 주말판이 배달되면 곧장 가장 좋아하는 섹션을 펼친다. 그것은 〈비즈니스와 투자〉(나의 전공 분야가 아니다)도 아니고, 〈리뷰〉(항상 읽는데 내용이 훌륭하다)도 아닌, 〈오프 듀티Off Duty〉이다. 최근 인기 있는 패션, 휴양지, 와인, 전자기기 등을 소개하는 코너로, 나는 그다지 첨단기기를 능숙하게 사용하지 못하며 패션 감각도 떨어지고 멋진 와인 저장고도 없다. 하지만 내가 〈오프 듀티〉의 애독자인 이유는 발전된 상업사회에 사는 우리가 누릴 만한 좋은 삶의 면모를 미리 볼 수 있는 탁월한 창을 제공하기 때문이다. 부분적으로는 파티에서 나눌 이야깃거리를 제공한다는 이점도 있다.

과연 스미스는 〈오프 듀티〉에 대해 뭐라고 이야기할까? 그는 풍요로운 문화 속에 사는 사람들이 그런 기기에 큰 호기심을 보이는 것에 별로 놀라지 않을 것이다. 6장에서 언급한 가난한 사람의 아들 이야기에서 보듯이, 스미스는 상업사회에서 좋은 삶을 갈망하는 사람들이 그가 조롱하듯이 말한 '싸구려 보석과 하찮은 물건'에 쉽게 매료당할 것임을 잘 알았다. 그러나 자본주의의 창시자인 스미스는 잘 알았지만 그의 상속자인 우리가 자주 잊는 것이 있다. 하찮은 물건과 싸구려 보석이 우리에게 쾌락과 편안함을 제공할지는 모르지만, 행복은 쾌락이나 편안함과는 전혀 다르다는 점이다. 이것은 행복을 결정하는 것은 몸이 아니라 마음이라는 그의 사상을 부분적으로 설명해준다.

스미스의 경제학에 영향을 준 몸과 마음의 차이에 대한 통찰의 두 번째 핵심 의미를 살펴보자. 이 장에서 소개한 인용문의 배경은 『국부론』5편에 나오는 교육에 관한 내용이다. 이것이 중요한 까닭은 스미스가 『국부론』1편에 나오는 핀 공장, 도축업자, 양조업자, 제빵업자에 관한 이야기(뒤에서 다시 다룰 것이다)만 알고 있는 독자들이 깜짝 놀랄 만한 논증을 5편에서 전개하기 때문이다.

『국부론』1편의 이야기들은 분업화되고 전문화된 노동에 의해 이루어지는 뛰어난 생산성에 관한 그의 유명한 주장을 전개하는 부분이다. 이 내용이 그가 상업사회를 옹호하는 핵심적인 이유일 것이다. 하지만 5편에서 그는 이 모든 경제적 성장으로 인해 인간이 치러야 할 대가가 있다는 점을 분명히 밝힌다. 분업화된 공장의 노동자들이 하루 종일 한 가지 작업만 계속 반복하면 그 일을 더 잘하게 될 것이고 자연히 생산성에 유리하겠지만, 한편으로 지루함을 느끼게 된다. '지루함'이란 표현은 이 상황이 얼마나 나쁜지를 제대로 포착한 것이 아니다. 스미스는 이런 노동자들의 정신 상태를 묘사할 때 훨씬 더 강렬한 단어를 사용한다. '정신이 손상된', 혹은 '불구가 된', '정신적으로 마비된', '끔찍한'과 같은 단어들이다.

여기에 스미스의 역설이 존재한다. 즉, 분업노동은 물질적 풍요를 제공하지만 동시에 정신적 손상을 유발한다. 그렇다면 이 문제를 어떻게 해야 할까? 스미스는 정부가 이 문제에 대해 가장 엄중한 주의를 기울여야 하며, 이 문제의 한 가지 치유책은 일정 부분 공적 자금을 지원받는 보편적인 교육제도라고 주장했다.

이것이 스미스의 주장이라니 놀라운 일이다. 그에 대한 대중의 선입견을 고려할 때 오늘날 대부분의 사람들은 그가 바우처 제도와 차터스쿨(chartered school, 교사, 학부모, 지역단체 등이 설립한 자율형 공립학교—옮긴이)을 지지할 것으로 예상하기 때문이다. 하지만 이런 제도들은 스미스가 대책으로 제안한 방법과 거리가 멀다.

여기서 중요한 점은 스미스가 『국부론』에서 강조한 해결책, 즉 건강하고 온전한 정신 상태를 회복하기 위한 제도적 해결책은 그의 대답의 일부분이라는 것이다. 스미스가 잘 알았듯이 학교와 다른 기관들은 한계가 있다. 우리에게 더욱 필요한 것, 더욱 중요한 것은 우리의 사고방식을 바꾸어 세상과 자신의 활동을 새로운 시각으로 바라보는 것이다. 특히 정신을 '건강하고 온전한 상태'로 유지하려면 정신이 정말로 필요로 하는 것이 무엇인지 다시 생각해야 한다. 아울러 삶의 활동들이 우리를 이런 목표에 어떻게 더 가까이 또는 더 멀리 있게 하는지 깨달아야 한다.

"물질적인 것들이 우리에게
쾌락과 편안함을 제공할지는 모르지만,
행복은 쾌락이나 편안함과는
전혀 다른 것이다."

평온과 즐거움

| 하나가 없이는 다른 하나도 누릴 수 없다

"행복은 평온과 즐거움에 있다. 평온이 없다면 즐거움도 없다. 완전한 평온 가운데 있으면 즐겁지 않은 것이 없다."

_ 『도덕감정론』, 3부, 3장

즉, 행복하길 원한다면
먼저 자신과 평화를 이루어야 한다.

오늘날의 삶은 분주하다. 분주함은 사실상 현대인의 삶을 규정하는 대표적인 모습이다. 항상 움직이고 늘 서두르면서 끊임없이 다양한 방향으로 끌려다닌다. 혹여 남들에게 뒤처질까 잠시 쉬는 것도 두려워한다. 그러면서 원하는 건 행복뿐이라고 말한다. 여기에 어떤 모순도 느끼지 못한 채 말이다.

왜 우리는 일에 매진할까? 사람들은 행복하기 위해서라고 말한다. 하지만 이 이상한 논리는 우리가 6장에서 살펴본 가난한 사람의 아들 이야기에 내포된 요점을 몽땅 놓치고 있음을 보여준다. 뭐라 해도 분주함은 분명히 행복의 열쇠가 아니다. 스미스는 분주함이 행복의 정반대라고 생각한다. 행복은 평온과 즐거움에 있기 때문이다.

스미스는 여기서 명백하면서도 동시에 다소 명료하지 않은 내용을 언급한다. 명백한 점은 우리가 매일 동분서주하며 행하는 일이 모두 우리에게 유익한 것은 아니라는 것이다. 우리는 일을 통해 행복에 필요한 것을 얻길 바란다. 하지만 스미스가 우리에게 알려주려는 진실은 행복은 어떤 것을 얻는 것이 아니라 어떤 존재가 되는 것, 곧 우리 자신의 존재 방식에 달려 있다는 것이다.

먼저, 우리는 일을 줄여야 한다. 너무 많은 일을 하려고 할 때 우리는 불행하게 된다. 스미스는 이 점을 분명히 밝히면서 대부분의 불행이 "사람들이 언제 행복한지, 어느 정도면 만족하고 평안을 누리면 되는지 모르는 데서 비롯된다"라고 주장한다. 자신의 상황을 개선하려는 무분별한 노력은 실상 우리가 기대하는 것을 거의 주지 않으며, 대부분의 경우 고군분투할 동안 불행해질 뿐이다. 아마도 다소 과장하여 말한 것이겠지만, 스미스는 "몸의 편안함과 마음의 평화라는 관점에서 볼 때 모든 계층의 행복 수준은 거의 같다. 길가에 가만히 앉아 햇볕을 쬐는 거지는 왕들이 목숨을 걸고 싸워 얻으려는 평화를 이미 누리고 있다"라고까지 말한다.

비록 이렇게 표현하긴 했지만, 스미스가 독자들에게 거지처럼 살라고 하는 것은 아닐 것이다. 가난에 대한 그의 말을 고려할 때 그런 삶은 행복으로 가는 적절한 길은 아니다. 실제로 그가 우리에게 원하는 것은 단지 삶의 속도를 조금 늦추라는 것이다. 사무실에 박혀 있는 대신 그가 말한 대로 '가만히 앉아' 거지에게 내리쬐는 햇볕을 잠시 즐기는 법을 배우라는 것이다. 많은 사람들이 이 메시지에 공감할 것이다. 아마도 이런 분주함 때문에, (그리고 그토록 분주한 와중에도) 사람들이 평온을 되찾기 위한 프로그램에 참여하는 게 아닐까. 가령, 내 친구는 30분마다 핸드폰 알람이 울리도록 설정하여 '1분의 평온'을 즐기고 있다.

오늘날 우리는 자신의 중심을 다시 회복하도록 도와주는 전문기관을 어디에서나 찾을 수 있다. 중상류층 미국인들은 요가 스튜디오부터 피트니스센터, 명상센터, 침술 클리닉에 이르기까지 스스로 다양한 기관을 만들어 인간이 전통적으로 이 세상에서 도피하거나 초월하기 위해 찾았던 공간(특히 예배 장소를 포함하여)을 보완했다.

지금까지의 내용은 내가 앞에서 명백한 것이라고 언급한 부분에 해당한다. 스미스가 말하듯이, 우리가 소유와 활동을 조금 줄이기만 해도 훨씬 더 많은 것을 얻고 더 나아질 것이라는 제안에 그다지 심오하거나 독창적인 부분은 없다. 이것은 중요한 교훈이지만 매우 직관적이다. 한편 스미스의 이야기에는 그다지 명료하지도, 직관적이지도 않은 두 가지 다른 주장이 들어 있다. 이 두 가지 주장은 삶의 핵심적인 도전과제와 행복한 마음을 유지하는 문제를 올바르게 다루기 때문에 주목할 필요가 있다.

첫 번째 주장은 행복은 평온만이 아니라, '평온과 즐거움'에 있다는 스미스의 제안에 관한 것이다. 이것은 평온을 소중하게 여기는 전통에서 익숙한 것과는 약간 다른 시각에서 평온을 바라본다. 예를 들면, 일부 고대철학 아카데미와 종교 수도원에서는 평온을 금욕주의에서 찾는다. 우리로 하여금 내적 안정과 고차원적인 선에서 멀어지게 만드는 쾌락을 포기하라는 뜻이다. 하지만 이것은 스미스가 말하는 평온이 아니다.

평온과 즐거움이라는 두 범주를 결합함으로써 그는 우리가 하나 없이는 다른 하나도 누릴 수 없다고 말한다. 그가 보기에 즐거움을 포기하고도 행복을 찾을 수 있다는 것은 사실이 아니다. 우리의 모든 본성을 제대로 만족시키길 바란다면 평온과 즐거움을 함께 이룰 수 있는 삶의 방식을 찾아야 한다. 결국, 평온을 찾기 위해 즐거움을 포기하는 금욕주의자와 즐거움을 추구하려고 평온을 포기한 가난한 사람의 아들 사이에 난 중용의 길을 찾으라는 것이다.

달리 표현하자면, 인간은 평온할 때 행복하지만, 동시에 그 평온이 즐거움을 추구하는 우리 같은 인간에게 적합한 평온일 때 비로소 진정으로 행복하게 된다. 이것은 명료하지 않지만 중요한 두 번째 주장으로 이어진다. 우리에게 가장 적절한 평온은 우리 본성의 다른 측면, 특히 행동하는 존재로서의 인간 본성과 일치하는 평온이어야 한다.

앞서 스미스가 인간을 근본적으로 행동하는 존재로 생각했다는 점을 언급했다. "인간은 행동하도록 만들어졌다." 이 말은 평온과 관련하여 도전과제를 제기한다. 사람들은 흔히 평온한 상태를 소극적인 상태로 생각하곤 한다. 수도사나 현자를 떠올릴 때면 세상에 초연한 채 행동하지 않는 사람이라고 상상하지 않는가. 스미스 자신도 어느 정도 이런 고정관념을 갖고 있다. '가만히 앉아' 햇볕을 즐겨야 한다고 말하는 것은 우리에게 덜 움직이고 조용하게 가만히 있어야 한다고 암시한다.

하지만 스미스가 옳다면, 우리가 행동하고 계속 움직이도록 만들어진 존재라면, 우리에게 적절한 평온은 정확히 어떤 것일까? 확실히 스미스는 수도원의 수도사나 서재의 철학자의 평온과 다른 무언가를 추구한다. 여기서 스미스는 매우 의도적으로 가장 적절한 삶에 대해 가장 어려운 질문 중 하나를 던지고 있다. 행복하기 위해 평온이 필요하다면, 그리고 세상에서 물러나 은둔하는 방식으로 평온을 얻을 수 없다면, 행동하는 존재로서 우리가 추구해야 할 평온은 정확히 어떤 것일까?

"대부분의 불행은
사람들이 언제 행복한지,
어느 정도면 만족하고 평안을 누리면 되는지
모르는 데서 비롯된다."

부에 대한 숭배

가난에 대한 경멸로 이어지는 비탈길

"계층의 구별과 사회의 질서를 확립하고 유지할 필요가 있긴 하지만, 부자와 권력자를 존경하거나 심지어 숭배하는 반면 가난하고 미천한 사람들을 경멸하거나 무시하는 성향은 우리의 도덕 감정을 타락시키는 가장 일반적이고 주요한 원인이다."

_ 「도덕감정론」, 1부, 3편, 3장

즉, 자본주의는 물질적 혜택을 주지만 그 대가로 우리는 도덕적인 비용을 치러야 한다.

애덤 스미스는 문제의 양 측면을 보는 특별한 능력이 있었다. 이것은 오늘날 우리가 문제의 해결책을 찾는 방법과 사뭇 다르다. 오늘날 우리는 양극화된 시대에 살고 있다. 요즘의 사회적, 정치적 논의는 토론이라기보다 멀리 떨어진 양쪽 코너에서 달려와 상대방을 향해 주먹을 날리는 권투경기에 가깝다. 우리의 토론은 전투성과 이념적 극단주의에 의해 지배된다. 뿐만 아니라 우리의 신념과 의견 자체가 애초에 상대방의 말을 들을 여지가 없는 밀폐공간에서 형성되는 경향이 있다. 정치학자들은 이것을 '반향실echo chambers'이라고 부르며, 철학자들은 '지식 거품epistemic bubbles'이라고 한다. 하지만 그 의미는 동일하다. 다시 말해 우리의 신념은 자신이 동조하는 한쪽 편만 지지하는 방식으로 형성되고, 그 결과 같은 편에 더 애착을 갖게 된다.

하지만 스미스는 그렇지 않다. 그는 자신에게 가장 절박한 문제를 다룰 때에도 양 측면을 모두 보려고 애쓴다. 자본주의 문제에 대해서도 다음과 같이 솔직하게 말한다. "사회 질서를 고취하는 인간의 성향이 동시에 우리의 도덕적 감정을 타락시키는 가장 일반적이고 주요한 원인이 된다."

『도덕감정론』의 전체 내용 중 이 구절에서 가장 배울 점이 많지 않을까 생각한다. 우선 스미스는 우리가 열정적으로 주장하는 사안에 대해서 성숙하고 생산적인 토론을 벌이는 것이 어떤 것인지 예를 제시한다. 선호하는 이야기와 결론에 가장 일치하는 하나의 측면만 제시하는 대신, 그는 우리가 자본주의의 두 측면, 즉 자본주의의 물질적 혜택과 그에 따른 도덕적 비용을 함께 보기를 원한다. 오늘날에도 스미스의 저서를 읽을 만한 가치가 있는 것은 사안의 전체적인 진실을 말하고 균형을 유지하려는 그의 치열한 노력 덕분이다. 하지만 이것이 전부가 아니다. 스미스가 전달하고자 하는 실질적인 요점이 있다. 특히 이 부분은 좋은 삶을 위한 핵심적인 도전과제를 다루기 때문에 여기에 초점을 맞추어야 한다.

내가 보기에 도전과제는 두 부분으로 이루어진다. 두 가지 모두 '부자와 권력자를 존경하거나 심지어 숭배하는' 성향의 결과이다. 우리는 앞서 이런 성향이 작동하고 있음을 보았다. 가령, 가난한 사람의 아들은 이런 성향에 따라 항상 행동한다. 가난한 사람의 아들을 변화시킨 동기인 인정 욕구와 야망을 경험한 우리 모두 마찬가지다. 하지만 부자를 모방하고 그 길을 따라가려는 욕구는 매우 구체적인 대가 두 가지를 치르게 된다.

첫째, 개인으로서 우리가 그 대가를 치른다. 이미 보았듯이 관심과 탁월함을 광적으로 추구할 경우 엄청난 심리적 대가를 치르게 되는데, 불가피하게도 행복에 필요한 평온을 없애기 때문이다. 세상이 보상하는 인센티브를 추구하는 바로 그 순간 우리는 마음에 필요한 것에서 더욱 멀어지게 된다. 더 깊은 차원에서 보면 세상이 우리에게 주길 원하는 것과 우리의 존재에 실제로 필요한 것은 일치하지 않는다. 삶을 잘 살려면 세상에서 좋다고 말하는 것과 우리에게 진정으로 좋은 것 사이의 간극을 헤치고 나아갈 효과적인 방법을 알아야 한다.

두 번째 도전과제가 있다. 첫 번째 도전과제가 세상이 우리와 우리 자신의 관계를 변형시키는 것과 관련된 반면, 두 번째 도전과제는 세상이 우리와 다른 사람의 관계를 변형시키는 것과 관련된다. 사실, 부자들에게 찬사를 보내는 성향이 우리를 우리 자신으로부터 소외시키지는 않는다. 우리를 주변 사람으로부터 소외시키지도 않는다. 애덤 스미스의 독자였던 카를 마르크스에서 비롯된 용어인 '소외'라는 단어조차도 스미스가 의도하는 것을 그다지 정확하게 표현하지 못한다. 부를 숭배한다고 해서 우리가 다른 사람들로부터 멀어지거나 소원해지는 것은 아니기 때문이다. 하지만 스미스가 말하듯이, 이런 숭배는 훨씬 더 해로운 영향을 미친다. 즉, 부자 숭배로 인해 우리는 가장 가난한 사람들을 '무시하거나' 더 나아가 '경멸하게' 된다. 이렇게 주장함으로써 스미스는 한 걸음 더 나아간다.

이전 장에서 우리는 사람들이 부자들을 주목하게 되면서 가난한 사람들을 외면하게 되는 것을 살펴보았다. 하지만 여기서 보면, 점잖은 무시는 적극적인 적대감이나 경멸과 그다지 다르지 않은 듯하다. 만약 그렇다면, 상황을 개선하려는 노력에 보상하는 사회에 사는 우리의 이런 성향은 우리와 우리 자신의 관계는 물론 우리와 다른 사람들과의 관계를 더 나쁜 방향으로 바꿀 것이다. 우리의 관심 욕구 때문에 우리가 본성적으로 추구하는 몸의 안락함과 마음의 평온에서 멀어지게 되듯이, 관심에 대한 지나친 강조는 다른 사람들을 무시하거나 경멸하게 된다. 이것은 『도덕감정론』의 중요한 첫 구절에서 설명했듯이, 타인에게 관심을 갖고 타인의 행복이 자기 행복에 필수적인 것으로 여기는 '본성의 원리'와 분명히 긴장 관계를 유발한다.

이것은 우리를 삶의 핵심 문제로 끌고 간다. 스미스는 우리가 태어난 세상이 비록 우리에게 중요하고 실질적인 재화를 제공한다 해도, 우리 자신을 바꾸고 또 우리가 타인과 관계 맺는 방식을 바꾸는 것을 우려한다. 오늘날에도 이런 점을 걱정하는 사람들이 분명히 존재한다. 스미스의 동시대인 중 한 사람도 이런 점을 우려했다. 스미스가 그의 글을 읽고 번역하고 많은 내용에 동의했던 제노바의 사상가 장 자크 루소이다. 『도덕감정론』 초판이 출간된 지 3년 후, 이 철학자는 애덤 스미스가 자신의 책에서 고심했던 질문들과 많은 부분에서 같은 내용을 다루는 뛰어난 책 『에밀』을 출판했다. 교사가 한 아이를 출생 때부터 결혼할 때까지 교육하는 이야기를 담고 있는 이 책의 집필 목적은 루소가 말한 '사회 속의 자연적인 인간'을 양육하는 방식에 대해 설명하는 것이었다. 루소가 이 책을 통해 의도했던 내용은 그동안 많은 연구의 주제가 되었다.

우리가 여기서 살펴볼 중요한 점은 루소와 스미스가 공통적으로 우려했던 지점이다. 루소가 『에밀』을 저술한 목적의 성패가 부분적으로 이것에 달려 있었다. 루소가 설명하듯이, 근대 세계는 잘 살아보려는 우리의 노력에 특정한 과제를 부여한다. 근대 세계는 우리가 자신과, 그리고 우리가 타인과 맺는 관계에 긴장을 유발하기 때문이다.

> 이런 모순들로부터 우리가 우리 자신 안에서 끊임없이 경험하는 한 가지 모순이 생긴다. 자연과 인간에 의해 서로 반대 방향으로 이끌리고 이런 다양한 충동 사이에서 자신을 분열시킬 수밖에 없는 우리는 복합적인 충동을 따라가다가 그 어떤 목적지에도 도달하지 못하게 된다. 인생의 모든 여정에서 우리는 갈등하고 유동적인 상태로 지내며 자신과 조화하지 못한 채, 그리고 자신이나 타인과 좋은 관계를 맺지 못한 채 종말을 맞게 된다. (루소, 『에밀』)

루소가 『에밀』을 통해 수행한 과제는 근대 세계의 압박으로 손상된 통합성을 다시 되찾는 방법을 발견하고, 그 결과 우리가 자기 자신과 타인에게 좋은 관계를 맺을 수 있는 삶의 방식을 회복하는 것이다. 『도덕감정론』의 핵심과제는 정확히 이와 동일하다. 『에밀』과 마찬가지로 스미스의 목적은 인간 본성의 분열과 세상의 도전과제를 모두 고려하면서 어떻게 좋은 삶을 살 것인지 보여주는 것이다.

이것을 염두에 두고 이제 이 문제의 진단에서 해결책으로 주제를 옮겨보자. 자신과 타인에게 모두 좋고 유용한 삶을 살기 원한다면 스미스는 어떻게 해야 한다고 생각할까?

우정

| 평온과 즐거움을 회복시키는 최고의 치료제

"마음이 완전히 무너져 심각한 불안에 빠지는 일은 흔치 않지만,
설령 그런 상황에 처한다 해도 한 명의 친구만 곁에 있으면 어느
정도 평온과 차분함이 회복된다."

_ 『도덕감정론』, 1부, 1편, 4장

즉, 우리는 홀로 있도록 창조되지 않았으며,
우정은 실로 우리를 평온하게 한다.

애덤 스미스는 '자신과 타인에게 모두 좋고 유용한 삶'이라는 근대 세계에서 살아가는 삶의 주요과제를 정의했다. 이제 그는 이런 과제를 해결할 수 있는 최선의 방법이 무엇인지 질문해야 한다. 어떻게 해야 할까?

사실, 해야 할 일이 적지 않다. 그중 많은 부분이 지적으로나 개인적으로 부담스러운 것이다. 이에 대해 스미스는 우선 기본적이지만 정곡을 찌르는 몇 가지 교훈을 조언한다. 그중 중요한 한 가지는 이 장의 인용문에서 보듯이 우정이다. 평온을 상실했는가? 불안에 빠져 있는가? 그렇다면 집을 나서서 친구를 찾아보라.

이것은 아주 간단한 조언이다. 우리가 자신에게 매몰된 채 깊은 불안과 걱정에 빠져 있다면 우정은 자신에게서 벗어날 탈출구를 제공할 수 있다. 다른 사람과 함께 있을 때 우리는 어떤 의미에서 자신에게서 벗어나거나, 적어도 자신에게만 매몰되지 않을 수 있다. 우정이 우리 자신에게서 벗어날 수 있게 해준다는 점에서 유익하다는 생각은 스미스가 다른 실천 방법들을 제시할 때에도 다시 등장한다. 여기에서 요점은 우정이 행복에 필수적인 평온을 회복하는 데 도움이 되기 때문에 유용하다는 것이다.

하지만 평온이 전부가 아니다. 우리는 앞서 행복에는 평온과 함께 즐거움도 필요하다는 것을 보았다. 스미스는 친구가 즐거움도 제공한다고 생각한다. 우리가 친구들과 함께 즐거워할 때, "그들의 기쁨은 말 그대로 우리의 기쁨이 되고, 우리의 마음은 진정한 즐거움으로 가득 넘친다"라는 것이 그의 주장이다.

스미스가 생각하는 이상적인 우정은 기쁨을 서로 나누는 것이다. 이것은 두 가지 이유에서 중요하다. 첫째, 스미스의 우정은 양방향 도로이다. 이것을 제대로 이해하면 이 장의 인용문에 대한 오해를 막을 수 있다. 친구가 있으면 불안을 완화하고 평온을 회복하는 데 도움이 된다는 말은 우정을 일종의 도구로 전락시킬 위험이 있다. 우리가 원하는 것을 제공해준다는 이기적인 이유 때문에 소중하게 여기는 것처럼 말이다. 하지만 이런 도구적인 태도로 우정을 생각한다면 오히려 우리가 원하는 것을 얻지 못할 것이다.

스미스가 설명한 우정은 단순히 일방적으로 받는 것이 아니라 나눔에 기초한다. 이런 우정이 우리에게 평온을 가져다준다. 하지만 우리에게 유익한 평온을 얻으려면 먼저 자신의 마음을 열고 다른 아무런 이유 없이 타인의 기쁨을 받아들이고 나누고 함께 즐거워해야 한다.

이 나눔의 개념은 또한 스미스의 우정 개념의 두 번째 중요한 측면을 볼 수 있는 창을 제공한다. 나눔은 우정에 정말 잘 어울리는 활동이다. 친구들은 정확히 무엇을 함께 할까? 온갖 활동이 떠오를 것이다. 어떤 것은 두 친구가 서로 옆에 앉아서 동시에 같은 것을 하는 것처럼 다소 고립된 활동일 수 있다. 두 친구가 함께 식사를 하거나 달리기를 하거나 낚시를 하는 것을 상상해보라. 이런 활동들은 친구와 함께하기 때문에 더 즐겁지만, 모두 혼자서도 할 수 있다. 친구가 없어도 가능하다는 점에서 이런 활동은 다른 사람들과 함께 해야만 하는 활동과는 결이 다르다.

반면 두 친구가 함께 음악을 연주하고 테니스를 치고 토론을 하는 것을 상상해보라. 이런 활동은 두 친구가 함께 참여하여 무언가를 만들고 개인이 각자 단독으로 하기는 어려운 일을 한다는 점에서 다르다. 스미스가 가장 소중하게 여기는 것은 바로 이 두 번째 종류의 우정이다.

스미스는 평온을 회복하는 우정이 되려면 더 깊은 나눔이 필요하다고 말한다. 그래서 그는 교제와 대화가 '마음의 평온을 회복시키는 가장 강력한 치료제'이며, 아울러 자족과 즐거움을 누리는 데 필수적인 성격을 유지하는 유용한 수단이라고 말한다. 대화, 즉 생각과 말의 나눔은 친구들의 가장 친밀한 나눔이며 가장 적절한 활동이다.

이제 우리는 친구들과 무엇을 해야 할지(대화), 그로부터 무엇을 얻을지(평온과 즐거움) 알게 되었다. 마지막으로 우정에 대해 한 가지 더 질문할 필요가 있다. 어떤 종류의 사람을 친구로 선택해야 할까? 가장 좋은 친구란 누구일까? 스미스는 이에 대해 매우 직접적인 대답을 내놓는다. "미덕에 대한 사랑에 기초한 애착은 확실히 모든 애착 중 가장 도덕적이다." 그러므로 이 애착은 가장 행복하며 가장 지속적이며 안정적이다. 선한 우정이 줄 수 있는 모든 이로움을 얻길 바란다면 최선을 다해 가장 좋은 사람들을 친구로 선택해야 한다. 이것 자체가 더 많은 행복을 준다. 이런 종류의 우정을 두 사람 간에만 맺을 필요는 없다. 스미스는 "우리가 오랫동안 친밀하게 알고 지내던 지혜롭고 도덕적인 모든 사람과 원만하게 우정을 나눌 수 있다"라고 주장한다.

지금까지 스미스는 우리가 삶의 여정을 걸어갈 때 혼자 걷는 것이 좋지 않다는 것을 알려주었다. 이제 그는 '미덕에 대한 사랑'에 헌신한다는 것이 무슨 의미인지 이해할 수 있도록 도와주고, 또 '지혜와 미덕'을 갖춘 사람들이 어떻게 그렇게 현명하고 도덕적인 사람이 되었는지 설명할 필요가 있다.

즐거움

| 마음의 불안을 없애는 소박한 즐거움

"인간은 불안한 존재이므로 마음을 유쾌하게 해주는 것을 통해
불안을 날려버려야 한다."

_ 『법학 강의』, 노트B, 231절

즉, 인생의 소박한 즐거움은 자신에게도
좋은 것이며 중용과 자기 억제에도 유용하다.

11장을 시작하면서 독자들에게 두 가지 양해를 구해야겠다. 첫째, 이번 장의 인용문은 이 책에 나오는 인용문 중에서 스미스가 직접 쓰지 않은 유일한 구절이다. 이 구절은 스미스의 법학 강의를 들은 학생이 쓴 노트에서 발췌한 것이다. 대부분의 교수들이 동의할 텐데, 교수가 강의시간에 말한 것과 학생이 그것을 받아 적은 내용이 항상 일치하지는 않는다. 따라서 우리는 이 학생의 기록을 가감해서 받아들일 필요가 있다.

두 번째로 양해를 구할 것은 이 인용문이 지금까지 집중해온 미덕과 행복이라는 큰 주제보다는 다소 세부적인 주제라는 점이다. 사실 이 인용문은 관용에 관한 것이다. 특히 술에 대한 관용이다. 스미스의 학생들이 오늘날의 학생 같았다면 교수가 술을 언급할 때 귀를 기울였을 것이다. 흥미로운 점은 스미스 자신이 술에 관심을 두었다는 것이다. 드러난 바에 따르면, 그는 경제학과 윤리학의 측면에서, 그리고 삶의 의미에 대한 신념 때문에 술에 관심을 두었다.

경제적 측면에서 스미스는 특정한 유형의 정부 개입, 특히 세금의 잠재적 위험을 설명하는 장에서 이 인용문을 언급했다. 그의 논의에서 주요 주제는 어떤 상품의 '자연가격(natural price, 수요와 공급이 균형을 이룰 때 상품의 가치에 맞게 형성되는 가격—옮긴이)'과 '시장가격(market price, 시장의 수급 상황에 따라 변동하는 가격—옮긴이)'의 관계이며, 그의 핵심 논증은 오랫동안 재화의 가격을 자연가격 이상으로 유지시키는 것은 그것이 무엇이든 국가의 부를 감소시킨다는 것이다. 물론 다양한 요소가 상품 가격에 영향을 주며 세금도 그중 하나이다. 하지만 스미스는 맥주, 또는 어떤 종류의 술에 부과된 세금이 종종 평범한 사람들이 감당할 수 있는 수준보다 술 가격을 올리고, 그 결과 소수의 사람들만 술을 구입할 수 있게 되면 사회가 덜 행복해진다는 점을 강조했다.

하지만 결과적으로 덜 행복해지는 것은 사회 전체만이 아니다. 스미스는 이런 종류의 정책들이 개인의 행복에도 부정적인 영향을 미친다고 생각한다. 바로 이 부분이 이 책의 중심 주제에 더 가까이 다가가기 시작하는 지점이다. 궁극적으로 주세酒稅가 현명하지 못한 이유는 주세가 사회를 덜 행복하게 만들기 때문도 아니고(비록 실제로 그렇긴 하지만), 과도한 소비를 억제하지 못하기 때문도 아니다(스미스는 주세가 실제로 과소비 억제에 실패하는 경향이 있다고 주장했다). 다만 주세가 인간의 기본적인 본능을 무시하기 때문이다.

스미스는 학생들에게 '인간은 불안한 존재'라고 이야기했다. 우리는 태생적으로 어떤 심리적 욕구를 지닌 피조물이자 '반드시 떨쳐버려야 할 불안'을 타고난 존재이다. 이것은 인간 본성에 관한 주목할 만한 진술이다. 스미스의 '인간은 불안한 존재'라는 명제는 아리스토텔레스의 '인간은 정치적인 동물'이라는 유명한 명제를 크게 뛰어넘는다. 다루어야 하는 많은 내용을 너무 간단히 압축하는 위험을 감수하고 말하자면, 스미스와 아리스토텔레스의 모든 차이, 그리고 고대 정치사상과 근대 정치사상의 모든 차이는 대부분 이것으로 압축할 수 있다.

그러나 궁극적으로 이 장의 인용문이 중요한 이유는 삶에 대해 말하는 내용, 특히 불안이 좋은 삶을 살려고 노력하는 우리에게 제시하는 문제 때문이다. 불안을 극복하고 평온을 유지하는 것이 좋은 삶을 살기 위해 필요한 전부는 아니다. 하지만 이것을 해결하지 않고 잘 사는 것은 불가능할 것이다. 스미스는 우리의 삶이 이런 방향으로 움직이도록 활용 가능한 모든 자원을 이용하는 것이 현명하다고 생각한다. 10장에서 우리는 친구가 그러한 중요한 자원임을 보았다. 다음 장에서는 이런 면에서 유용한 방법으로서 분노를 덜 느끼고 더 많이 사랑하기 위한 활동들을 알아볼 것이다. 이 장에서 스미스는 술도 도움이 된다고 제안한다. 내가 이 제안에 공감하는 것은 내가 괜찮은 맥주와 버번을 좋아하기 때문만은 아니다. 오히려 스미스가 삶이라는 큰 주제들(미덕, 의무, 완전함, 행복 등)을 숙고할 때 음주와 사교 같은 일반적인 활동을 포함하여 평범한 사람들의 활동과 행동도 좋은 삶의 일부라는 점을 매우 깊이 헤아리고 있었기 때문이다.

절대 잊어서는 안 되는 사실은 스미스는 음주를 권하지만 미덕을 사랑하는 도덕철학 교수로서 그렇게 한다는 점이다. 당연한 일이겠지만, 그가 권고하는 음주는 가장 적당한 수준의 음주임이 틀림없다. 스미스는 육체의 즐거움이 '종종 후회와 수치심을 느끼는 많은 실수로 이어진다'는 것을 잘 알았다. 그래서 스미스는 '자기 억제'라는 핵심 미덕을 권고한다.

자기 억제는 많은 형태로 나타날 수 있으며, 흔히 고귀하고 영웅적인 행위와 관련된다. 자기 억제는 스미스가 '절제'라고 부른 것의 중심 내용이기도 하다. '육체적 욕구에 대한 통제'는 육체의 욕구를 품위, 예절, 사려 깊음, 겸손에 필요한 일정한 한계 안으로 제한하는 역할을 한다.

언젠가 나의 멘토가 함께 저녁 식사를 하는 중에 중용에 대해 이렇게 조언했다. 아리스토텔레스가 내다보았듯이, 중용이란 마티니를 아예 마시지 않거나 두 잔을 마시는 것이 아니라 한 잔만 마시는 것이다. 아리스토텔레스와 스미스는 차이점이 많지만, 이 점에서는 같은 생각일 것이다.

증오와 분노

| 자신과 타인을 모두 파괴하는 감정

"증오와 분노는 선한 마음을 가진 사람의 행복을 파괴하는 가장 강력한 독이다."

_ 「도덕감정론」, 1부, 2편, 3장

즉, 평온은 증오와 분노로 인해 위태로워지고 감사와 사랑에 의해 촉진된다.

10장에서 평온을 유지하거나 회복하기 위해 우리가 할 수 있는 한 가지 일은 친구와 함께하는 것임을 알았다. 하지만 평온과 그에 따른 행복은 우리의 어떤 행위뿐만 아니라 존재 방식을 요구한다. 이 것은 우리가 다른 사람들을 이용해 자신에게서 도피하는 것만으로 는 안 된다는 것을 의미한다. 그 대신 우리는 전체적으로 어떤 감정 은 더 많이 느끼고 어떤 감정은 덜 느끼도록 자신을 가다듬을 필요 가 있다.

우리가 최소화해야 하는 감정의 종류는 스미스가 '반사회적 감 정'이라고 부르는 것이다. 그중에서도 가장 먼저 꼽는 것이 바로 증 오와 분노이다. 이 감정들은 어떤 이유로 유발되며, 어떤 면에서는 분명히 사회적, 정치적 효용이 있다. 하지만 이 감정들은 개인의 행 복에 해롭다. 스미스는 "격정적인 감정들은 냉혹하고, 불쾌하고, 발 작적이며, 마음을 찢고 어지럽히는 것들이다. 이러한 감정들은 행 복에 꼭 필요한 마음의 차분함과 평온을 완전히 파괴한다"라고 이야기했다. 증오와 분노는 이런 감정을 표출하는 대상은 물론 그것을 느끼는 사람에게도 나쁘다. 근본적으로 증오와 분노는 타인과 우리 자신에게 해롭다.

이것은 증오와 분노에 상반되는 감정에도 그대로 적용된다. 행복에 필요한 차분함과 평온을 진정으로 원한다면 이런 감정이 감사와 사랑이라는 증오와 분노의 반대 감정에 의해 가장 잘 촉진된다는 사실을 알아야 한다. 증오와 분노가 감정 표현의 대상자는 물론 그런 감정에 빠져 불행한 당사자에게도 고통스러운 것처럼, 사랑과 감사는 감정 표현의 대상자와 먼저 그런 감정을 느낀 당사자 모두에게 기쁨을 준다.

스미스는 사랑에 이런 힘이 있다고 확신하면서 사랑의 감정이 그 자체로 사랑을 느끼는 사람을 기분 좋게 만든다고 설명한다. 또 사랑이 "마음을 진정시키고 차분하게 하며 행동을 활기차게 하고 인간의 체질을 건강하게 만든다"라고 했다. 사랑은 사랑받는 사람은 물론 사랑하는 사람에게도 유익하다. 이처럼 사랑과 감사는 좋은 삶에 대한 스미스의 관점에 중요한 역할을 한다. 이미 언급했듯이, 좋은 삶에 대한 스미스의 핵심 질문은 타인과 우리 자신 모두에게 좋은 삶의 방식을 찾아야 한다는 것이다.

스미스는 이제 '사랑'의 정확한 의미를 설명할 필요가 있다. 오늘날 사랑에 대해 생각할 때 흔히 낭만적인 사랑을 떠올린다. 스미스 역시 낭만적인 사랑에 대해 분명히 언급하며, 그가 말하는 사랑에 대한 내용이 항상 자선과 관련되는 것도 아니다. 하지만 지금 맥락에서 말하는 사랑은 때로 우리가 자선 또는 이웃 사랑이라고 부르는, 타인에 대한 사랑을 염두에 둔 것이다. 스미스는 이런 자선의 삶, 타인에 대한 사랑으로 사는 삶이 정확히 어떤 것인지 보여줄 필요가 있다. 여기서 반드시 짚고 넘어가야 할 중요한 사실은 일단 우리가 좋은 삶을 살기 위해서는 사랑의 삶을 살아야 한다는 점이다.

또한 보다 깊이 내용을 다루기 전에 간단한 경고를 추가할 필요가 있다. 앞서 스미스는 증오와 분노를 파괴적인 것으로 생각했다고 언급했다. 이 말은 『도덕감정론』에서 대부분 옳지만 중요한 예외도 있다. 다른 곳에서 스미스는 어떤 행위의 결과로 어떤 사람들에게 특정한 방식으로 느끼는 증오와 분노는 파괴적이지 않고 건설적이라고 주장한다. 이것은 그가 '공감적 항의' 또는 '공감적 분개'라고 일컬은 것으로, 증오나 분노의 특수한 형태이다. 이것은 이기적인 권세가들에 의해 약하고 무고한 사람들이 학대당하는 것을 볼 때 선한 사람들이 본능적으로 느끼는 증오나 분노이다.

가령 젊은 남자가 지갑을 훔치려고 늙은 여자를 공격하는 상황에서 상식적이고 평범한 사람이라면 누구라도 그 젊은 남자를 향해 본능적으로 분개하고, 불의한 행동을 한 사람이 벌을 받아야 한다고 느낄 것이다. 이와 같은 복수하고픈 욕구는 우리에게 딱히 기쁨을 주지 않고, 우리의 평온이나 즐거움을 북돋우지도 않는다. 적어도 당장의 이익은 없다.

하지만 이러한 본능적인 앙갚음 감정은 사회 질서를 세우는 사법체계를 뒷받침한다. 따라서 이런 종류의 증오나 분노는 좋은 사람이 경험할 때 스스로는 고통스럽지만, 사회에는 분명히 좋은 일이다. 마치 가난한 사람의 아들이 가졌던 야심이 그의 평온에는 해롭지만 사회 질서에는 유익한 것과 같다.

이것은 중요한 내용이긴 하지만, 스미스의 일반 원칙의 예외이다. 여기서 우리가 살펴볼 스미스의 일반 원칙은 단순하고, 믿을 수 없을 정도로 간단하다. 행복하길 원하는가? 당신 주변 사람들이 행복하길 원하는가? 그렇다면 덜 미워하고 더 많이 사랑하라. 나는 이것이 좋은 삶에 대한 스미스의 핵심 메시지라고 생각한다.

그러나 이것이 스미스가 말한 전부였다면 그는 대단한 철학자가 아닐 것이다. 방금 내가 말한 것처럼 간단히 표현한다면, 차에 붙이는 스티커 한 장으로 그의 책을 충분히 대신할 수 있다. 이러한 스티커식 지혜가 우리 마음을 쉽게 움직일 수 있는 형태로 스미스의 핵심 주장을 요약하는 데 도움을 주긴 할지언정, 『도덕감정론』의 중요한 내용을 제대로 전달하지는 못한다. 아직 스미스는 덜 미워하고 더 많이 사랑하는 방법을 정확히 설명하지 않았기 때문이다. 이것이 『도덕감정론』과 같은 책이 필요한 이유이기도 하다. 사랑이 타인과 우리 자신에게 모두 좋은 것이라면 과연 어떻게 사랑해야 할까?

사랑받기

| 결국 우리가 가장 원하는 것

"인간은 성공이 아니라 사랑받길 바란다."

_ 『도덕감정론』, 3부, 5장

즉, 결국 우리가 가장 원하는 것은
사랑이다.

12장에서 살펴본 대로 우리는 사랑하고 싶어 한다. 타인을 사랑하는 경험은 자신에게도 좋다. 스미스의 말에 따르면 사랑은 기분 좋은 느낌이고 건강을 북돋운다. 나아가 사랑은 이중적 방식으로 우리에게 유익하다. 우리가 사랑하는 것도 좋지만 사랑받는 것도 유익하기 때문이다. 이번 장의 인용문의 핵심 주장은 궁극적으로 우리가 가장 원하는 것은 그렇게 땀 흘리고 종종걸음을 치며 좇는 엄청난 성공이 아니라 사랑이라는 것이다.

여기에서 우리는 이른바 '이기심'에 대한 스미스의 관점이 얼마나 복잡한지 알 수 있다. 우리는 이 책을 시작할 때 인간에게는 몸에 필요한 물질을 얻으려는 선천적 이기심이 있다는 스미스의 주장을 살펴보았다. 이어서 상상력 덕분에 우리에게는 타인의 관심을 끌고 싶어 하는 욕구가 있으며, 이 모든 것을 초월하여 행복해지기 위해 마음의 평온을 얻고자 한다는 것도 알았다. 하지만 사랑이라는 주제를 꺼낸 뒤 스미스는 앞서 언급한 모든 내용이 어떤 의미에서 잠정적이며, 인간에 대한 진정한 정의가 무엇인지를 단순히 예고한 것뿐임을 드러낸다. 여기서 그의 요점은 인간에게는 사랑의 욕구라는 남다른 특징이 있다는 것이다.

사랑에 대한 이러한 논의가 일부 독자들을 불편하게 할 수 있다는 생각이 든다. 많은 사람들이 자신이 기대하는 것을 스미스에게서 찾으려고 한다. 즉, 엄청난 성공과 무기력한 패배가 공존하는 자유시장 세계에서 경쟁하며 살아가는 험난한 삶에 대한 찬사 같은 것을 바란다. 이런 세상에서 사랑이 발붙일 곳은 어디에도 없어 보인다. 그렇지만 다른 한쪽에는 시장경제를 바라보는 이런 시각과 다른 시각을 갖고 있는 이들, 이를테면 사랑을 추구하고 사랑을 다시 회복하려는 경제학자들도 있다. 나 역시 이 같은 입장에 공감하지 않을 수 없다.

하지만 여기서는 또 다른 주장에 초점을 맞추고자 한다. 이를테면, 스미스는 사랑하고 사랑받는 경험이 인간으로서 우리에게 적절한 행복에 필수적이라고 믿었다. 그는 여러 곳에서 이런 내용을 언급한다. 가령 『도덕감정론』의 서두에서는 이렇게 설명한다. "사려 깊고 감수성이 예민한 사람들은 삶에서 기대할 수 있는 모든 유익보다 자신이 사랑받는다는 것을 알 때 느끼는 만족에서 더 큰 행복을 느낀다." 몇 페이지 뒤에서 그는 한층 더 간결하게 이 교훈을 되풀이한다. "인간 행복의 주요 부분은 자신이 사랑받고 있다는 인식에서 비롯된다."

앞서 나는 일부 독자들에게 이와 같은 사랑에 관한 논의가 거북할 수도 있다고 썼다. 하지만 다른 독자들은 좋아할지도 모른다. 두 부류의 독자들 모두 사랑에 대한 이러한 논의가 스미스가 약간 변덕스럽거나, 심지어 모순적임을 보여준다고 생각할 수 있다. 앞서 그는 우리가 타인의 관심을 원한다고 말했다가 이제는 사랑을 원한다고 말한다. 이 두 가지는 어떻게 통합될까? 그보다 더 앞서 그는 행복에는 평온과 즐거움이 필요하다고 말했다. 이제는 행복의 '주요 부분'은 사랑에서 비롯된다고 말한다. 어떻게 된 일인가?

이 진지한 질문에는 내가 여기에서 제시할 수 있는 것보다 훨씬 긴 대답이 필요하다. 지금으로선, 스미스를 면밀하고 철학적으로 읽는 요령은 그의 다양한 주장들이 겉보기에 완전히 일치하지 않는 것처럼 보일 때조차 그 주장들이 어떻게 통합되는지 이해하는 것이라는 점만 말해두자. 내 친구는 『도덕감정론』을 읽다가 종종 스미스가 '어느 곳에서는 주장을 내세우다가 다른 곳에서는 그것을 철회하는 듯한' 느낌이 든다고 말한다. 맞는 말처럼 들린다. 하지만 이처럼 바뀌는 주장들이 어떻게 결합하여 궁극적으로 하나의 통합적인 체계로 조화를 이루는지 인내심을 갖고 이해할 때 스미스 읽기의 즐거움이 더 커질 것이다.

하지만 그것은 『도덕감정론』을 직접 독파하는 독자들의 몫이다. 여기서는 이 책의 핵심이 잘 사는 삶에 대한 스미스의 통찰이라는 점을 고려하면서 두 가지 요점을 제시하고자 한다. 하나는 스미스가 우리로 하여금 관심에 대한 욕구와 사랑에 대한 욕구 모두에 주의를 기울이게 만들려는 의도에 관한 것이다. 스미스는 이기심의 다양한 대상들을 사랑의 대상과 나란히 두어 두 가지 욕구를 비교하고 그 가치를 우리 스스로 판단하게 하려는 것이다. 무엇보다도, 관심과 사랑은 공통점이 많다. 다른 사람들이 우리에게 관심과 사랑을 표현할 때 둘 다 애정의 감정을 나타낸다. 하지만 관심과 사랑의 차이점은 이 둘의 유사점을 상쇄할 수 있다.

스미스가 설명했듯이, 관심은 우리가 타인이 원하는 것을 갖고 있을 때 우리가 타인으로부터 얻는 것이다. 우리가 가치 있는 것들,

즉 부와 명성, 지위 같은 것을 갖고 있고 다른 사람들은 그것을 원하기 때문에 그들의 관심을 끈다는 것이다. 하지만 그 어떤 사랑이든 간에 사랑은 그렇지 않다. 우리는 다른 사람의 소유물 때문이 아니라 인간 존재 자체 때문에 그들을 사랑한다. 따라서 관심과 사랑은 매우 다른 이유에서 표현될 수 있으며, 매우 다른 이유에서 갈망할 수 있다. 사실, 다양한 유형의 사람들이 다양한 방식으로 관심과 사랑을 추구한다.

후자의 내용은 몇 장 뒤에 다시 언급할 필요가 있는 주제이다. 일단 여기에선 우리가 이번 장에서 살펴본, 스미스가 사랑을 설명하는 방식이 제기하는 질문으로 마무리하고 싶다. 앞서 보았듯이 타인의 사랑은 우리가 원하는 것이며, 행복하길 바란다면 꼭 있어야 하는 것이다. 그렇다면 타인의 사랑을 어떻게 얻을 수 있을까? 사랑을 받으려면 어떤 사람이 되어야 할까? 더 중요한 질문이 있다. 인간이 행동하도록 창조되었다는 점을 고려할 때, 우리가 사랑받길 원한다면 정확히 무엇을 해야 할까?

사랑하기

"친절은 친절을 낳는다. 사람들에게서 사랑받는 것이 우리가 원

하는 중요한 목표라면 가장 확실한 성공 방법은 우리가 진정으로

사랑한다는 것을 행동으로 보여주는 것이다."

_ 「도덕감정론」, 6부, 2편, 1장

즉, 사랑의 행동은
사랑으로 되돌아온다.

우리는 질문으로 13장을 끝냈다. 우리가 타인으로부터 사랑받기 원한다면 어떻게 해야 할까? 스미스는 이것이 우리가 원하는 중요한 목표가 될 수 있다고 제안했다. 스미스는 이 질문에 타인의 사랑을 얻으려면 먼저 사랑을 주어야 한다고 대답한다. 또한 그는 행동으로 나타낼 때에만 사랑을 줄 수 있다고 보았다. 생각과 말로는 충분하지 않다. 오직 '행동'을 통해서 타인을 진정으로 사랑한다는 것을 보여줄 수 있다.

언뜻 보기에 사랑에 관한 논의는 시장 세계와 매우 동떨어진 것 같다. 이미 언급했듯이 시장은 경쟁과 이기심의 세계이다. 하지만 스미스가 지금 설명하는 내용 역시 시장 세계의 일부라는 점이 중요하다. 매우 특별한 종류의 거래를 제외하고는, 그가 설명하는 가치인 사랑을 시장 거래와 연관 짓기란 쉽지 않다. 하지만 그가 여기서 설명하는 방식이 교환 거래라는 것은 쉽게 이해할 수 있다.

스미스는 자신의 언어로 이것을 암시하는데, 말 그대로 가능한 가장 확실한 수단을 통해 우리에게 가장 소중한 가치인 사랑을 '획득'하려는 과정이라고 분명히 밝힌다. 사랑은 여기서 시장 세계의 화폐일 뿐이다. 스미스의 요점은 원하는 사랑을 얻으려면 그 대가로 사랑을 지불해야 한다는 것이다.

이런 시각과 함께 스미스는 『국부론』에서 설명한 유명한 교환의 세계로 우리를 데리고 간다. 『국부론』의 앞부분에는 시장이라는 냉혹한 세계에 자비라는 연약한 감정이 들어설 곳은 없다는 주장을 하고 싶을 때 항상 제시되는 유명한 구절이 나온다. "우리가 저녁 식사를 할 수 있는 것은 정육점 주인, 양조장 주인, 빵집 주인이 자비로운 덕분이 아니라 그들이 자신의 이익을 추구하기 때문이다." 이 말은 '이기심이 스미스 사상체계의 기초'라는 스티글러 박사의 주장을 뒷받침하는 분명한 증거처럼 보인다. 그러나 같은 페이지의 앞부분을 살펴보면 스미스가 어떤 하나의 가치 판단을 내리기보다는 단순히 두 사람이 재화를 교환하려고 모일 때 벌어지는 일을 묘사하는 것임을 알 수 있다.

그가 표현하듯이, 교환 거래 이면에는 '내가 원하는 것을 주면 당신이 원하는 것을 갖게 될 것이다'라는 생각이 있다. 이와 아주 비슷한 일이 자신이 주는 사랑에 대한 보답으로 사랑을 받고자 하는 사람에게도 일어난다. 이런 점에서 종종 사랑받기 원하는 연인은 게임 이론에서 자신이 먼저 움직이는 이른바 선도자first mover와 비슷하다. 자신의 사랑에 대한 보답으로 상대방에게 사랑을 요구하지 않고 먼저 사랑을 주기 때문이다.

이것을 강조하는 것은 몇 가지 이유 때문이다. 가장 중요한 첫 번째 이유는 이것이 어떻게 살 것인가의 문제에 관심이 있는 사람들에게 스미스가 전하는 핵심적인 교훈이기 때문이다. 결국 우리가 가장 원하는 것이 사랑받는 것이라는 스미스의 주장이 옳다면, 이 주장은 선한 가치를 추구하는 모든 사람이 찾는 가장 분명한 조언이기 때문이다.

스미스는 사람들의 습관적인 행동방식을 단순히 설명하는 것에서 좋은 삶을 원한다면 어떻게 해야 하는지 방법을 설명하는 것으로 논점을 이동한다. 애덤 스미스 전문가들은 스미스를 가장 잘 이해하는 방법이 그를 인간의 행동을 객관적으로 설명하는 것을 목적으로 삼는 사회과학자로 보는 것인지, 아니면 더 바람직한 행동방식을 권고하는 도덕철학 사상가로 이해하는 것인지를 놓고 논쟁을 벌이곤 한다.

나는 첫 번째 시각, 즉 사회과학적인 렌즈를 통해서만 그를 읽으면 스미스가 말한 내용을 완전히 이해할 수 없다고 본다. 물론 이 책은 모든 논쟁의 결론을 내리는 자리는 아니다. 요점은 스미스가 규범에 대해 관심을 가진 독자들에게 많은 것을 말할 수 있고, 이 책은 그런 자리라는 것이다.

두 번째 요점은 스미스가 더 나은 행동방식과 더 나쁜 행동방식이 있다고 믿는다는 것이다. 그는 더 나은 삶의 방식과 더 나쁜 삶의 방식이 있다고 생각했다. 이것을 부정한다면 미덕이나 행복에 관한 스미스의 말을 많은 부분 이해할 수 없을 것이다.

아울러 우리는 여기서 매우 신중해야 한다. 스미스가 더 나은 삶의 방식과 더 나쁜 삶의 방식이 있다고 생각한다고 해서 모든 사람에게 적용되는 단 하나의 가장 좋은 방식이 있다고 주장한 것은 아니라는 점이다. 이런 접근방법은 고대철학에서 일반적이었으며, 인간을 위한 '최선의 삶의 방식'이라는 사상이 종종 언급되었다. 하지만 그것은 스미스의 생각이 아니다. 스미스는 오늘날의 사람들이 일컫는 '다원주의자'이다. 즉, 더 나은 삶과 더 나쁜 삶이 있다고 생각하지만 모든 사람에게 적용되는 단 하나의 최선의 삶이 있다고는 결코 주장하지 않는다.

이런 이유 때문에 스미스의 접근방법은 오늘날 특히 가치가 있다. 스미스는 올바른 삶의 방식을 단 한 가지로 설정하는 접근방식을 거부하고, 사람들의 다양한 유형에 따라 적합한 최선의 방식이 있다고 주장한다. 여기서 그는 사랑을 인생의 '중요한 목표'로 여기는 사람에게 초점을 맞추고 있다. 그러나 우리는 타인의 관심을 인생의 목표로 여기는 사람도 있다는 것을 알고 있다.

고대의 철학자는 타인의 관심을 바라는 사람들을 절망적인 패배자로 과소평가했을지도 모른다. 그러나 스미스는 타인의 관심을 바라는 사람을 사랑을 바라는 사람으로 바꾸려는 시도가 어리석다는 것을 알고 있으면서도, 여전히 사랑을 바라는 사람과 관심을 바라는 사람 모두에게 각자 자신의 목표를 추구하는 더 나은 길과 더 나쁜 길을 보여줄 수 있다고 생각한다. 그리고 여기에서 신중함의 미덕이 등장한다.

『도덕감정론』6부에 포함된 핵심 장에서 스미스는 자신이 '신중한 사람'이라고 부르는 이들의 특징을 묘사한다. 신중한 사람은 많은 측면에서 가난한 사람의 아들에 대한 해결책이다. 신중한 사람은 가난한 사람의 아들이 필사적으로 성급하게 돌진하는 것보다 상황을 개선하는 더 나은 방법을 보여주기 때문이다. 신중한 사람은 가난한 사람의 아들처럼 똑같이 좋은 것을 추구한다. 그 역시 자신의 상황이 '매일 점점 더 나아지길' 고대한다. 하지만 그는 다른 접근방법을 이용해 천천히, 그리고 점진적으로 일한다.

스미스는 특히 그의 '꾸준한 근면성'과 '한결같은 절제'를 강조한다. 가난한 사람의 아들과는 분명하게 대조된다. 두 사람 모두 자기 이익을 위해 일하지만 한 사람은 매우 필사적이고 강박적이며 성급하게 일하고, 다른 사람은 꾸준한 근면성과 한결같은 절제를 통해 일함으로써 상황을 개선하고 '안정된 평온'에 이르게 된다.

이제 이 장에서 강조하려는 마지막 요점을 소개할 차례이다. 스미스가 여기서 설명하는 사랑을 바라는 사람은 사랑받고 싶은 욕구가 있는 사람이다. 그들은 단순히 사랑하는 것이 옳은 일이라서 사랑하는 것이 아니다. 자신이 결코 사랑받지 못할 것을 알면서도 마땅히 해야 할 일이라 믿고 행동하는 것이 아니다. 이와 반대로 그들의 사랑 행위는 그 보답으로 사랑을 받으려는 바람에 의해 이루어진다. 그들에게 사랑은 다른 사람들이 되갚기를 바라는 보상으로서의 사랑이다.

이것은 다른 많은 학파가 사랑을 이해한 방식과는 매우 다르다. 특히 기독교는 사랑을 이기심의 정반대로 간주하는 것으로 흔히 이해된다. 스미스 자신이 거듭하여 사랑의 종교라고 정의한 종교이기도 하다. '사욕 없는 사랑' 또는 '이타적인 사랑'은 많은 기독교인의 목표였다. 교회 안팎에서 이 개념에 대해 많은 논쟁이 있었다.

하지만 이런 궁금증이 든다. 사랑은 우리가 받고 싶어서 주는 것이라는 스미스의 주장을 고려할 때, 그의 사상체계 안에 다른 유형의 사랑, 즉 보상을 바라지 않고 주는 사랑이 존재할 여지가 있을까?

번영

| 우리 모두가 사랑을 주고받을 때 얻을 수 있는 것

"인간 사회의 모든 구성원은 마치 동일한 부상을 입은 사람들처럼 서로 도움이 필요하다. 사랑, 감사, 우정, 존중을 통해 필요한 도움을 주고받을 때 사회는 번영하고 행복해진다."

_ 「도덕감정론」, 2부, 2편, 3장

즉, 우리는 타인의 도움이 필요하지만,
사회의 번영은 모든 사람이 서로 사랑을
주고받을 때만 가능하다.

14장에서 우리는 타인의 사랑을 얻기 바란다면 먼저 사랑을 줘야한다는 것을 깨달았다. 인간 개인의 행복은 이것에 좌우된다. 그러나 소수의 개인만이 이런 행동을 한다면 어떻게 될까? 반대로 모든 사람이 서로 사랑을 주고받는다면 어떻게 될까? 이상적인 소리처럼 들린다. 그런 세상을 상상할 수조차 있을까? 애덤 스미스는 그랬다. 인용문에서 묘사한 것만 보아도 그가 그런 세상을 그렸다는 것은 분명하다. 모든 사람이 사랑의 마음으로 서로 '도움'을 주는 세상 말이다.

게코와 그의 친구들이 과연 이런 질문에 신경을 썼을지 알 수 없지만, 혹여 그렇다면 이제 탈출구를 향해 달려갈 순간이다. 그들은 이상주의적인 선각자들이 꿈꾸는 것, 결코 존재한 적도 앞으로도 존재하지 않을 상상 속의 유토피아를 붙들고 성가시게 씨름하지 않을 것이다. 그들은 묻는다. 왜 실제가 아닌 것을 붙들고 시간을 허비하는가? 이제 이것은 특히 우리에게 중요한 질문이다.

이 책을 시작할 때 나는 우리 각자의 인생이 단 한 번뿐이며 우리의 바람보다 훨씬 더 빨리 지나간다는 불편하지만 분명한 진실을 상기시키면서 약간의 긴장감을 조성했다. 왜 우리가 상상 속의 이상을 생각하느라 귀중한 시간을 사용해야 하는지에 대한 질문은 게코와 그의 친구들만이 아니라 최선의 삶을 살고자 하는 교양 있는 사람들의 것이기도 하다.

대답을 하자면, 나는 적어도 세 가지 이유에서 스미스의 비전을 진지하게 생각해야 한다고 본다. 첫 번째, 오늘날 우리가 사는 현실 세계가 스미스의 비전과 근본적으로 멀어져 있다는 단순한 사실이다. 모든 사람이 익히 알듯이, 우리 세계는 분열되고, 파편화되고, 쪼개져 있다. 하지만 스미스의 비전은 정반대이다.

그가 생각하는 세계는 모든 구성원 개개인이 사랑과 애정의 연대로 결속되어 있고, 상호 선행이라는 공통의 중심으로 모여든다. 이 세계는 '공통의 무게 중심'이 있어 각각의 구성원이 모두 모여 공존할 뿐만 아니라 연합하도록 통합시킨다. 여기에서 가장 중요한 것은 이런 일이 '사랑과 애정' 덕분에 가능하다는 점이다. 타인의 관심을 끌기 위한 경쟁은 사람을 분리하지만, 애정과 사랑의 표현은 사람을 결속한다. 세상의 상처와 분열을 치유하는 방법이 궁금한 사람들은 여기에서 적지 않은 교훈을 얻을 수 있다.

스미스의 비전을 진지하게 받아들여야 하는 두 번째 이유는 그의 비전이 삶의 핵심 질문에 의미를 주기 때문이다. 이 장의 인용문은 어떤 좋은 사회의 비전을 묘사한다. 엄밀히 말하자면 사회적, 정치적 철학에 올바른 기여를 한다. 물론 우리의 핵심 질문은 정치적인 것이 아니라 윤리적인 것이며, 도덕철학의 질문이지 정치철학의 질문이 아니다. 비록 오늘날 학계에서 전공 분야에 대해 말할 때에는 이런 학문을 세분하려고 하지만, 좋은 삶의 문제에 관해서는 쉽사리 경계를 구분할 수 없다. 여기서 핵심 이슈는 우리가 고립된 상태로 살 수 없다는 것이다. 즉, 삶을 살려면 삶을 가능하게 하는 그물망이 필요하다. 좋은 삶을 산다는 것은 좋은 그물망에서 살 때 비로소 용이해질 것이다.

이 부분에 관한 논의는 이 정도로 해두자. 이것은 정치철학의 심층적인 분야이고 지금 우리에게는 이 정도로도 충분하다. 그런데 스미스가 정의한 좋은 사회, 특별히 '번영하고 행복한 사회'라고 분명하게 정의한 비전을 듣고 보니 그런 사회가 개인의 번영과 행복한 삶에 유리한지, 아니면 더 정확히 말해 필수적인지 궁금해진다.

스미스의 비전을 진지하게 받아들여야 할 세 번째 이유를 살펴보자. 앞서 보았듯이 게코와 그의 냉소적인 동료들은 이상적인 비전을 만지작거리며 시간을 보낼 여유가 없다. 그들은 불가능하거나 이용할 수 없는 것이 아니라, 가능한 일이나 실제로 이용할 수 있는 것을 생각하는 데 시간을 써야 한다고 말한다. 이것은 가볍게 웃으며 넘길 만한 주장이 아니다. 우리가 만들고 싶은 사회의 형태나 우리가 살고 싶은 삶의 유형을 현실적으로 선택할 때, 인간인 우리는 현실적 한계 내에서 선택할 수밖에 없다. 현실적인 선택 범위가 현실 세계의 제약과 선천적인 인간 조건의 제약에 의해 한정된다고 인정하자.

하지만 현실주의가 아무리 설득력이 있다 해도 이런 사고는 한 가지 문제에 직면한다. 선택 범위가 한정된다 해도 우리는 여전히 선택해야 한다는 것이다. 우리는 모든 사회의 형태나 모든 삶의 방식을 선택할 수 없기 때문에 특정한 사회나 특정한 삶을 선택해야 한다. 그럼 어떻게 선택할 것인가? 우리는 앞으로 나아갈 길을 어떻게 알 수 있을까?

바로 여기에 이상적인 사고가 등장한다. 우리가 이상의 세계를 상상하고 생각할 때 목표를 정할 수 있다. 이런 종류의 이상은 우리에게 가고 싶은 곳이 어디인지 방향감각을 제공하고, 우리가 선택하는 길이 우리가 원하는 곳에 더 가까워지게 하는지 평가하는 잣대를 제공한다. 이처럼 이상은 현실주의자에게도 유용하다. 아니, 오히려 현실주의자에게 더 유용할 수 있다. 선택지를 정리하여 평가 기준에 따라 다양한 대체 방안의 우선순위를 정하도록 도와주기 때문이다.

물론, 우리가 현실 세계에서 이상을 최종적으로 그리고 완벽하게 실현할 수 있다고 생각하는 것은 어리석고 위험하다. 이 경우 엄청난 고통과 정치적 혼란이 발생한다. 하지만 스미스가 이런 순진한 생각에 빠져 힘들게 고민하지는 않았을 것이다.

스미스는 자신이 '체제 신봉자man of system'라고 부른 사람들을 신랄하게 비판한다. 이들은 국가와 정부에 대한 자기 자신의 이상적인 계획에 너무나 매료당한 나머지 사람들의 실제 삶을 '체스판 위의 말들을 옮기듯이' 손쉽게 조정할 수 있다고 생각하는 정치가들이다. 스미스는 자유가 없으면 재난이 초래될 수밖에 없다는 것을 안다. 그래서 체제 신봉자가 통제하는 계획된 사회보다 보이지 않는 손이 통제하는 자유로운 사회의 우월성을 그토록 열심히 옹호한 것이다. 그럼에도 불구하고 스미스는 우리가 이상 없이 살 수 없다는 사실도 알고 있다. 이런 이유에서 "정치인의 시각에 방향성을 제시하기 위해서는 완벽한 정책과 법률에 대한 보편적이고 체계적인 사상이 꼭 필요하다"라고 주장한다.

비단 정치 분야만 그런 것이 아니다. 나중에 보겠지만 정치는 물론 도덕 생활에도 '완벽한 이상'에 대한 사상이 필요하다. 설령 인간으로서 우리가 현실에서 이런 완벽한 이상을 결코 실현하지 못한다는 것을 알고 있더라도 말이다(그리고 이것을 결코 잊어서는 안 된다).

어쨌든 이것이 스미스가 지금까지 의도한 것이다. 인용문에서 이어지는 단락에서 그는 매우 다른 사회를 설명한다. 서로 합의한 기준에 따라 호의를 주고받는 교환 시스템을 중심으로 구축된 사회이다. 이것은 물론 그가 『국부론』에서 묘사한 사회, 즉 애정과 사랑의 연대보다는 재화와 서비스의 상호 교환을 기반으로 구축된 사회와 상당히 비슷해 보인다. 스미스가 시장 사회에 관한 두꺼운 책을 썼다는 사실을 고려할 때, 사랑의 사회에 대한 그의 언급을 얼마나 중요하게 생각해야 할까? 단지 좀 더 실현 가능한 과제를 연구하기 전에 기초 작업으로 이상적인 꿈을 제거하려고 한 것일까? 이런 시각은 스미스를 아주 부당하게 취급하는 것이다.

스미스는 결국 '상호 간의 사랑과 애정이 없는 사회가 덜 행복하고 덜 즐겁다'라고 주장하는 것이다. 이런 사회는 번영하지 못하고 겨우 존속할 뿐이다. 어떤 사람들에게는 괜찮을지도 모른다. 어쨌든 근근이 존속하는 것이 대혼란보다 나으니까 말이다. 하지만 이 책을 읽는 독자라면 그런 입장에 찬성하지 않을 것이다. 인간의 번영에 관심이 있고, 더 나아가 자신의 권리로서 번영하길 원하는 우리에게 스미스는 이렇게 질문한다. 우리 사회가 번영하고 행복한 사회에 조금이라도 더 가까워지길 바란다면 무엇을 해야 할까?

사랑받을 만한 존재 되기

| 남이 아닌 나의 기준으로

"인간은 선천적으로 사랑받고 싶어 할 뿐만 아니라 사랑받을 만한 존재가 되고 싶어 한다."

_ 「도덕감정론」, 3부, 2장

즉, 우리는 사랑을 받고 싶어 하고,
또한 사랑받을 가치가 있는 사람이 되길 원한다.

앞에서 내 친구의 말을 인용해 스미스가 때에 따라 다른 주장을 펼치는 듯하다는 이야기를 했다. 애덤 스미스의 책을 꼼꼼하게 읽은 독자라면 이런 점을 공통적으로 느낀다. 이를테면, 어떤 주제에 대해 모든 주장을 들었다고 생각했는데 갑자기 마지막으로 한 가지 작은 내용이 추가된다. 그런데 그 내용은 당신이 안다고 생각했던 모든 내용을 다시 생각하게 만든다. 이번 장의 인용문은 이에 대한 전형적인 예시다.

스미스는 이미 인간 본성에 대해 많은 내용을 언급했다. 특히 본성의 다양한 영역이 갈망하는 여러 개념에 대해 언급했다. 건강, 자기 보존에서부터 타인의 인정과 관심, 평온과 즐거움, 행복, 사랑에 이르기까지 말이다. 그러나 인간 본성과 선천적인 욕구에 대한 논의를 마쳤다고 생각한 순간 마지막으로 한 가지를 추가한다. 이제 그는 '인간은 선천적으로' 사랑받는 것은 물론 '사랑받을 만한 존재' 가 되길 원한다고 말한다. 그렇다면 스미스는 이 논의에 무엇을 추가한 걸까? 이 추가 내용에 관심을 가져야 할 이유는 무엇일까?

다소 과장되게 표현하는 것일 수 있지만, 그 이유는 스미스가 이제부터 제시하는 삶에 대한 모든 교훈이 이것에 좌우되기 때문이다. 물론 이것은 이 책의 마지막에서 비로소 판단할 수 있는 주장이기는 하다. 우선 여기서는 스미스가 사랑받을 만한 존재가 되길 원하는 욕구를 통해 말하려는 의미가 무엇인지 파악하기로 하자. 요점은 인간으로서 우리는 무언가 더 많은 것을 원하도록 창조되었다는 것이다. 사랑을 예로 들면, 인간은 단순히 타인의 사랑을 얻는 것보다 더 많은 것을 원한다. 사랑받는 것 자체에서 한 발짝 더 나아가 자신이 그 사랑을 받을 만한 '자격'이 있는 사람인지 알고 싶어 한다. 실제로는 아무도 우리를 사랑하지 않을 때조차도 사랑받을 만한 가치가 있는지 말이다.

스미스에 따르면, 우리는 태어날 때부터 '사랑스러운' 존재가 되고 싶어 한다. 오늘날 우리는 '사랑스러운'이란 단어를 일반적으로 외모를 묘사할 때 사용한다. 하지만 스미스는 외모가 아니라 도덕적 가치를 표현하는 데 이 단어를 사용한다. 그가 여기서 큰 변화를 꾀하고 있다는 것을 알 수 있다. 지금까지 우리는 사랑을 획득해야 할 선善으로 간주하고 논의했다. 이제 스미스는 사랑의 획득에서 사랑받을 만한 존재로 논점을 전환하여, 우리가 어떤 것을 실행할 때 대가로 얻는 것에서 우리가 어떤 존재이기 때문에 획득하는 선으로 주제를 바꾼다.

이것은 질문의 중대한 전환이다. 우리는 더 이상 자신에게 이렇게 물을 수 없다. "나를 행복하게 하는 사랑을 얻기 위해 무엇을, 어떻게 해야 하는가?" 대신 이렇게 물어야 한다. "사랑과 칭찬을 받을 만한 가치가 있는 사람이 되려면 어떤 사람이 되어야 하는가?"

말하자면, 사랑스러움은 존재의 상태, 곧 우리 자신이 '사랑받아 마땅하고 적합한 대상'임을 보여주는 상태를 말한다. 스미스는 이런 사고방식을 확대하여 '자연'이 우리에게 인정받으려는 욕구는 물론 인정받을 만한 존재가 되고자 하는 욕구를 '부여'했다고 설명한다. 이것은 사회적, 정치적 삶에 미치는 영향력을 포함하여 몇 가지 이유에서 중요하다.

어떤 세상이 있다고 상상해보자. 그곳에 있는 모든 사람이 칭찬과 사랑을 받길 원하지만, 자신이 실제로 칭찬과 사랑을 받을 만한 가치가 있는 존재인지에 대해서는 무관심하다. 이런 세상에서는 자기 자신이 어떤 종류의 사람인지 신경 쓰지 않을 것이다. 다만 자신이 다른 사람에게 특정 모습으로 보이게 하는 데 모든 에너지를 집중할 것이다. 이를 통해 자신이 원하는 사랑과 칭찬을 얻을 가능성을 높일 수 있기를 바라면서 말이다.

대부분의 독자들은 아마 이런 세상이 끔찍할 것이다. 하지만 셀카 사진과 이미지 컨설팅, 과도한 소셜미디어 큐레이션(social media curation, 인터넷에서 소비자가 원하는 콘텐츠를 수집, 정리하여 제공하는 서비스—옮긴이)이 넘쳐나는 오늘날의 세계는 이런 세상과 크게 다르지 않다. 이런 세상은 분명 스미스가 권하는 곳이 아니고, 이런 행동 역시 칭찬하는 유형이 아니다. 그는 "경박하고 피상적인 사람들만이 자기 분수에 맞지 않는 칭찬을 즐긴다"라고 이야기한다.

중요한 것은 사랑스러움을 향한 우리의 타고난 욕구를 바탕으로 어떻게 사회생활을 재구성할 것인가가 아니라, 우리 삶에서 어떤 노력을 기울일 것인가이다. 요점은 사랑이나 칭찬을 받는 것과 그에 합당한 존재가 되는 것이 전혀 다르다는 것이다. 어떤 것을 얻으려고 할 때 우리는 대부분 어떤 사람에게서 그것을 얻으려고 노력한다. 타인의 관심이나 인정, 사랑을 얻으려고 할 때 특히 그렇다. 이런 경우 우리는 타고난 본성의 한 측면에 따라 행동하는데, 기본적으로 교환을 통해 필요와 목표를 충족하려고 한다. 14장에서 살펴보았던 것처럼 '내가 원하는 것을 당신이 주면 당신이 원하는 것을 갖게 될 것이다'라는 방식이다.

반면, 우리가 무언가를 받을 합당한 자격을 갖추려고 노력할 때는 본성의 또 다른 측면에 따라 다르게 행동한다. 이런 경우 우리는 무언가를 얻으려고 노력하지 않고 어떤 존재가 되려고 노력한다. 특히 어떤 기준에 부합하는 가치 있는 존재가 되려고 노력한다.

목표의 획득에서 합당한 존재로의 전환이 갖는 의미가 여기에 있다. 합당한 자격을 갖춘 선은 획득하는 선과는 다르다. 무엇보다도, 획득하는 선은 타인에 의해 주어질 뿐만 아니라 우리가 그것을 가질 합당한 자격이 있는지 판단하지 않는 타인에 의해 주어진다는 점에서 그렇다. 어떤 사람을 칭찬하고 존경하는 이들이 그에게 관심을 주는 이유는 그의 부나 지위, 공로 등이 관심 받을 가치가 있다고 여기기 때문이다. 마찬가지로, 우리가 자선을 베풀었을 때 그 혜택을 받은 사람들은 우리가 사랑을 보여주었기 때문에 우리 역시 그들의 사랑을 받는 게 마땅하다고 생각한다. 이 경우 중요한 것은 다른 사람의 판단이다.

하지만 우리가 사랑받을 자격이 있는지, 칭찬받을 만한 가치가 있는지의 문제라면 누구의 판단이 중요할까? 이 경우는 다른 사람이 우리를 판단할 문제가 아니지 않을까? 이 문제에서 유일한 판단자는 다름 아닌 우리 자신이다. 겉으로 드러나 보이는 모습은 물론 진정한 자아를 볼 수 있는 유일한 존재는 결국 자기 자신뿐이다. 그렇다면 우리의 행복에 가장 필요한 것은 타인의 칭찬이 아니라 자기 양심에서 비롯되는 칭찬이다.

이로부터 삶의 과제에 대한 두 가지 특별한 질문이 제기된다. 첫째, 가치 있는 존재란 정확히 어떤 것일까? 스미스의 말을 빌리자면, '사랑받아 마땅하고 적합한 대상'은 누구인가? 둘째, 우리가 가치 있는 존재라는 것을 어떻게 알 수 있을까? 우리가 실제로 칭찬과 사랑을 받을 만한 존재인지 어떻게 판단할 수 있을까?

첫 번째 질문은 가치의 정의에 관한 것이고, 두 번째 질문은 가치를 어떻게 판단할 것인가에 관한 것이다. 즉, 첫 번째 질문은 가치란 무엇인가에 관한 것이고, 두 번째 질문은 우리가 가치 있는 존재인지 묻는 것이다. 좋은 삶에 대해 진지하게 생각한다면 두 질문에 대답해야 한다. 최고의 행복은 다음 질문에 달려 있다. "자신이 사랑받고 있고, 또 자신이 사랑받을 만한 가치가 있다는 것을 안다는 건 얼마나 큰 행복인가?"

자기성찰

"스스로 행동을 점검하고 이를 판단할 때, 즉 긍정적인 평가와 부정적인 평가의 판단을 내리려고 할 때, 그럴 때마다 항상 나 자신을 두 사람으로 분리한다. 마치 원래 둘이었던 것처럼, 사안을 조사하고 판단하는 나와 조사받고 평가받는 나로 분리하는 것이다."

_「도덕감정론」, 3부, 1장

즉, 분리를 치유하는 출발점은
먼저 자신을 또 다시 분리하는 것이다.

앞의 16장에서 두 가지 질문을 던졌다. 첫째, 사랑받을 만한 가치란 무엇인가? 어떻게 그것을 정의할 수 있을까? 둘째, 사랑받을 만한 가치가 있는지 어떻게 알 수 있을까? 어떻게 그것을 판단할 수 있을까? 우리는 두 질문에 분명히 대답해야 한다. 스미스가 말했듯이 가장 큰 행복은 타인에게 사랑받는 것만이 아니라 우리가 사랑받을 만한 가치가 있는지 알 때 가능하기 때문이다.

이 장의 인용문에서 스미스는 두 번째 질문에 대답하기 위해 중대한 발걸음을 내디딘다. 우리는 어떻게 자신이 칭찬받을 만한 사람인지 스스로 판단할 수 있을까? 먼저 우리는 자신을 '두 사람', 즉 행동하고 관찰 당하고 평가받는 보통의 나와 관찰하고 판단하는 나로 분리할 필요가 있다. 이는 실제로 완전히 다른 캐릭터이다.

두 번째 캐릭터인 '공정한 관찰자'는 스미스 사상의 대표적인 특징 중 하나로서, 그의 도덕철학에서 가장 중요하고 독창적인 내용으로 간주된다. 이 짧은 장에서 공정한 관찰자 개념과 관련된 모든 내용을 충분히 다룰 수는 없다. 하지만 더 나은 삶을 추구하는 우리에게 공정한 관찰자가 왜 중요한지에 대해서는 분명하게 알아볼 필요가 있다.

우선 공정한 관찰자가 필요한 이유에 대해 살펴보자. 우리는 참된 행복을 얻으려면 타인의 사랑과 칭찬을 받는 것은 물론 자신이 사랑과 칭찬을 받을 만한 합당한 자격이 있는지 알아야 한다는 스미스의 주장을 살펴보았다. 그런데 누가 합당한 자격과 가치를 판단할까? 다른 사람들이 우리를 판단할 수는 없다. 그들은 눈에 보이는 것만 알 수 있기에 종종 겉모습에 속기 마련이다.

하지만 조금만 생각해보면, 우리가 우리 자신을 판단할 수 없다는 것도 분명하다. 물론, 우리는 타인에게 드러내지 않는, 자기 내면의 생각과 감정, 동기에 대해 속속들이 더 많이 알고 있다. 그럼에도 인간으로서 우리는 대부분 자기 문제에 대해 좋은 판단자가 아니다. 인간은 이기적인 존재이고 자신을 가치 있는 존재라고 생각하고 싶어 하기 때문에 자신이 관련된 사안을 정확하게 판단하는 데 필요한 객관성과 중립성이 보장되지 않는다. 게다가, 스미스는 우리가 흔히 마음에 드는 자신의 장점을 돋보이게 하려고 단점을 일부러 간과한다는 사실을 잘 알고 있다. 그는 이것을 '자기기만의 불가사의한 장막'이라고 부른다. 스미스는 또한 대부분의 사람들이 자신에 대한 총체적 진실을 대면하기 힘들어하고 심지어 고통스러워한다고 주장한다.

이제 가치를 판단하는 문제로 넘어가 보자. 우리는 다른 사람을 신뢰할 수 없고 자기 자신도 믿을 수 없다. 그럼 어떻게 할까? 스미스의 대답은 완전히 다른 종류의 사람, 우리 자신과 타인 사이에 있는 제삼자에게 부탁하라는 것이다. 제삼자는 가치를 판단할 때 각 당사자의 독특한 통찰과 관점을 고려하면서도 각 당사자에 고유하게 내재된 편견에서 자유롭다. 스미스에 따르면, 이렇게 행동할 때 우리는 '공정하고 공평한 관찰자'의 입장을 갖게 된다. 이런 관찰자는 사안에 직접 관계가 있는 이해 당사자가 아니므로, 자칫 발생할 수 있는 편견과 왜곡에서 벗어나 가치를 판단할 수 있다.

스미스가 주장하는 공정한 관찰자 이론은 이와 비슷한, 더 널리 알려진 원칙에서 한 걸음 더 나아간다. 가령 황금률(남에게 대접을 받고자 하는 대로 남을 대접하라는 그리스도교 윤리의 근본 원리—옮긴이)

을 살펴보자. 황금률은 이기적인 행동을 완화하기 위해 무엇을 할지, 어떻게 행동할 것인지를 말해준다. 하지만 황금률이 행동지침을 제공하는 반면, 공정한 관찰자는 행동하는 방법은 물론 판단하는 방법, 특히 도덕적인 장점을 판단하는 방법을 가르쳐준다.

스미스의 공정한 관찰자 개념은 나를 비롯한 많은 이들에게 매우 복잡한 철학 문제의 탁월한 해결책이란 인상을 준다. 이기심이 현실을 보는 우리의 관점을 왜곡하지만, 우리의 상상력이 현실 세계에서 우리의 판단을 바로잡아줄 새로운 인격을 만들어낼 수 있다. 이것은 신중하고 철저하게 연구할 만한 개념이다. 하지만 여기서는 이 개념이 더 나은 삶에 어떤 의미를 갖는지에 집중할 것이다. 이런 면에서 특별히 살펴볼 가치가 있는 것은 두 가지 의미이다.

첫째는 스미스가 관찰자의 관점을 갖기 위해 권고한 행동과 관계가 있다. 그가 이번 장의 인용문에서 설명한 내용을 살펴보자. 우리가 자신의 인격과 행동을 판단하고 싶다면, 즉 공정한 조사자와 판단자의 관점을 갖고 싶다면 우리는 먼저 자신을 '두 사람'으로 분리해야 한다. 이것을 좀 더 면밀히 생각해보면, 여기서 아주 놀라운 변화가 일어나고 있다는 것을 알 수 있다.

삶의 과제에 대한 우리의 탐구는 특히 분열의 과제에서 시작되었다. 이 책 시작 부분에서 보여주었듯이, 우리는 천성적으로 자신에 대한 감정과 타인에 대한 감정 사이에서 분열되어 있고, 더 나아가 평화와 평온에 대한 우리의 욕구와 명성과 부를 중요하게 여기는 세상의 가치 사이에서 분열되어 있다. 이를테면, 분열은 우리 삶이 풀어야 할 중요한 문제이다. 이제 분열을 치유하는 출발점은 우리의 자아를 다시 의식적으로 분리하는 것임이 드러난다. 근본적으로, 현재의 분열에 괴로워하는 우리가 통합을 이루려면 분리를 거부하지 말고 받아들여야 한다. 이는 비록 특정한 종류의 분리이지만 특정한 방식으로 수용할 수 있다.

두 번째 의미는 우리가 자신에 대해 공정한 관찰자 관점을 가질 때 일어나는 일과 관련된다. 분명히 우리는 자신에 대해 많은 것을 알게 된다. 분명 마음에 드는 것도, 싫은 것도 있을 것이다. 싫은 것을 알게 되면 비록 당혹스럽겠지만, 그것을 대면하는 것이 좋다고 스미스는 말한다. 삶의 방식을 바꿀 가능성이 더 높아지기 때문이다. 가장 확실한 체중 감량법은 옷을 벗고 거울 앞에서만 음식을 먹는 것이라는 말을 들은 적이 있다. 이것은 스미스의 표현처럼 시적이지 않지만 스미스도 똑같은 말을 했다. "다른 사람의 시각으로 우리의 행동을 본다면 대부분의 경우 반드시 개선이 이루어질 것이다. 그렇지 않으면 다른 사람의 시선을 견딜 수 없을 테니까."

하지만 이것은 우리가 공정하고 공평한 시각으로 자신을 바라볼 때 반드시 이루어질 개선에 대해 스미스가 생각했던 내용 중 일부에 지나지 않는다. 우리는 단지 개인의 욕심에 따라 어떤 행동을 바꾸는 것은 아니다. 거울에 비친 근육질 복근을 보려고 디저트를 줄이는 변화는 사소한 것이다. 더 중요한 변화는 이런 관점으로 자신을 보게 되면 타인과의 관계가 바뀐다는 것이다.

"내면의 판단자를 통해서만 우리 자신의 진정한 모습을 제대로 볼 수 있고, 또 자신의 이해관계와 다른 사람의 이해관계를 제대로 비교할 수 있다." 스미스의 이 말이 옳다면 우리가 스스로 공정한 관찰자가 될 때 자기 개선을 촉진하는 것은 물론 인간관계를 보는 방식이 근본적으로 바뀐다. 자신을 행위자와 관찰자로 분리하는 것은 자기 통합은 물론 타인과의 통합을 위한 중요한 진전이다.

"우리 삶의 분열을 치유하는 출발점은
우리의 자아를 다시 의식적으로
분리하는 것이다."

인간의 존엄성

| 어느 누구도 어느 누구보다 특별하지 않다

"다른 사람들의 시각으로 자신을 바라본다면, 자기 자신이 무리
의 어느 누구보다 더 특출한 구석이 없는, 수많은 사람들 중의 하
나일 뿐임을 깨닫게 된다."

_ 「도덕감정론」, 2부, 2편, 2장

즉, 당신은 어떤 사람들보다 뛰어나지 않고,
다른 어떤 사람도 당신보다 뛰어나지 않다.

공정한 관찰자는 정말 대단하다. 오직 공정한 관찰자만이 있는 그대로의 자신을 보게 해주기 때문이다. 특히 17장 마지막 부분에서 보았듯이, 그를 통해 우리 자신의 진정한 모습을 제대로 볼 수 있다. 하지만 이 말의 정확한 의미는 무엇일까? 공정한 관찰자는 우리 자신에 대해 정확히 어떤 관점을 제공하는 걸까? 이것은 특이한 관점이어서 대부분의 사람들이 적어도 처음에는, 그리고 오랜 시간이 지난 뒤에도 매우 받아들이기 어려워하는 문제이다. 이 관점은 우리가 수많은 사람들보다 '어떤 면에서도 더 나을 것이 없는, 그들과 똑같은 사람'일 뿐이라고 알려준다.

이것은 굉장한 주장이다. 스미스는 우리가 자신에 대한 공정한 관찰자의 관점을 확실히 갖춘다면 자기가 다른 사람들보다 더 낫다는 생각을 할 수 없다는 점을 깨달을 것이라고 말한다. 스미스는 이런 주장이 우리에게 엄청난 요구라는 것을 알고 있다. 그는 이 책의 서두에서 인간은 태어날 때 자신의 자아와 욕구를 먼저 생각하도록 각인되었다고 말했다. 또한 세상은 엘리트층을 인정하고 짓눌린 하층민을 무시하는 방식으로 사회적 지위가 다른 사람들을 차별한다고도 했다. 따라서 스미스는 이런 주장이 어떤 문제를 초래하는지 누구보다 더 잘 알고, 그래서 이것을 '도덕적 교훈 중 최고 난제'라고 불렀을 것이다. 물론 단순히 도덕적 교훈이 어렵다고 해서 가치 있는 것은 아니다. 그렇다면 스미스는 왜 이 특별한 교훈을 반드시 배워야 한다고 생각했을까?

이해를 돕기 위해 나의 할머니의 지혜를 말하고 싶다. 할머니는 학자도 아니었고 대학교육도 받지 않았으며, 분명히 애덤 스미스의 책도 읽지 않았을 것이다. 하지만 스미스가 여기에서 논하는 내용을 누구보다 더 잘 이해한 사람이다. 할머니는 손가락을 흔들면서 자녀에게 이렇게 말했다. "어느 누구도 너보다 더 낫지 않아, 그리고 너도 다른 누구보다 더 낫지 않아!"

할머니의 교훈 중 첫 부분은 자신이 남보다 우월하다고 내세우는 사람들이 넘쳐나는 땅에서 이민자 가족으로 살아온 경험에서 비롯된 것이다. 그러한 배경에서 어떤 사람도 다른 사람보다 뛰어나지 않다는 신념은 모든 인간의 고유한 존엄성이라는, 불평등을 초월하는 중요한 가치를 확신하는 것이다. 이것은 이 교훈이 주는 중요한 유익이다.

다른 사람이 우리보다 낫지 않다는 첫 번째 명제는 비교적 받아들이기 쉬운 반면, 우리가 다른 사람들보다 더 낫지 않다는 두 번째 부분은 받아들이기 어렵다. 우선 이 내용은 오늘날 사람들이 자녀에게 말하는 것과 매우 다르다. 특히 자녀에게 특별한 존재라고 말할 때 더 그렇다. 이것은 틀린 말이 아니다. 나는 무엇보다 모든 아이들이 정말 특별하다고 믿는다. 하지만 우리가 특별하다고 생각하는 것과 우리가 다른 사람들보다 더 우월하다고 생각하는 것에는 엄청난 차이가 있다. 나는 자신이 특별하다는 말을 듣는 대부분의 아이들이, 그리고 이 아이들이 성장하여 성인이 되었을 때도 마찬가지로 이런 미묘한 차이를 놓치고 있다고 생각한다.

인생을 사는 최고의 방법을 찾으려는 사람들에게 이 교훈은 왜 중요할까? 우선 스미스의 두 번째 교훈은 처음에는 달갑지 않지만, 우리를 자유롭게 하는 잠재력을 가진 진리를 가르쳐준다. 정확히 말해 우리는 특별하지 않다. 사실, 특별하기는커녕 모든 면에서 다른 사람보다 특별히 우월하지 않은 대중 속 한 사람일 뿐이다. 분명

기분 좋은 생각은 아니다. 자신이 낮아진 기분이다. 내 아이에게 특별하다고 말할 때 올라가는 기분과 같은 정도로 초라해진다. 성장기의 아이들에게 너희가 얼마나 특별한지 들려주어야 할 필요가 있을지도 모른다. 하지만 스미스는 성숙한 도덕적 존재는 무엇보다도 정반대의 교훈을 듣고 받아들여야 한다고 생각한다.

그가 말하듯이 공정한 관찰자는 '우리의 뻔뻔하고 주제넘은 열정이 깜짝 놀랄 만한 목소리로' 이 교훈을 전달한다. 어느 누구도 이런 충격적인 경고가 마음에 들지 않을 것이다. 하지만 이 목소리가 정말 못마땅하고 충격적이라고 해도, 이것만이 우리를 '자기애의 본능적인 거짓 목소리'에서 벗어나 자신이, 또한 자신과 관련된 모든 것이 보잘것없음을 받아들일 수 있게 해준다.

스미스는 지금 우리에게 불쾌하고 힘든 일을 하라고 요구하고 있다. 이 일의 목표는 자기애에서 비롯된 거만한 마음을 낮추어 다른 사람과 함께 사는 방법을 배우는 것이다. 우리에게 이 일이 어려운 까닭은 이러한 낮춤이 자기애의 천성적 특징과 배치되기 때문이다. 그래서 우리가 어떤 생각을 하거나 추상적인 원칙에 헌신하는 것만으로는 충분하지 않다. 스미스는 실제적인 자기 통제는 '변증

법의 난해한 삼단논법' 이상의 것이 필요하다고 주장한다. 우리는 특정한 규율, 구체적으로 말하면 공정한 관찰자의 관점에 의식적으로 순종하겠다는 규율에 기꺼이 따라야 한다. 이제 스미스의 철학이 상아탑의 철학이 아니라, 삶을 시험이 반복되는 훈련장으로 여기는 철학임이 분명해진다.

이 모든 노력과 고된 훈련이 우리 삶에 무슨 가치가 있는지 살펴보자. 앞서 우리가 숱한 사람 중 하나일 뿐이라는 깨달음이 우리를 힘들고 초라하게 만들기도 하지만 또한 자유롭게 한다고 말했다. 때로 듣기 힘든 소리일지언정 공정한 관찰자를 통해 자신을 새롭게 보게 된다는 것이다. 자신을 공정한 관찰자로 바라보기 전에 우리는 대개 자기애의 렌즈로 세상을 바라본다. 이 렌즈로 세상을 바라보는 것은 두 가지 결과를 초래한다.

첫째, 자기애의 렌즈로 세상을 바라보면 자신과 관련된 모든 것을 과대평가하게 되고, 종종 지나치게 과장하게 된다. 그 결과 우리는 불필요한 걱정과 불안에 시달리게 된다. 둘째, 자기애로 인해 자신의 관심사를 지나치게 생각하면 다른 사람과 그들의 관심사를 놓치게 된다. 스스로를 엄청나게 중요하다고 생각하면서 자신과 자신의 삶에 과도하게 집착하면 다른 사람에게 중요한 것을 제대로 볼 수 없게 된다.

공정한 관찰자는 우리를 이런 집착에서 자유롭게 한다. 우리의 진정한 모습인 '보잘것없음'을 받아들일 때 자신에게서 놓여나고, 또 다른 사람들에게 우리를 열게 되면서 그들에게 중요한 것이 무엇인지 알고, 궁극적으로 그들이 왜 중요한지 알게 된다.

끝으로, 우리의 실체인 보잘것없음을 받아들일 때 삶의 출발점에서 무엇을 추구할지 더 명확하게 볼 수 있다. 아마 이 문제에서 가장 중요한 내용일 것이다. 스미스가 이미 말했듯이, 많은 사람이 많은 부와 막강한 권력, 높은 지위 등 일종의 성공을 추구한다. 하지만 보잘것없음을 믿고 받아들인다는 것은 이런 무익한 성공을 영원히 쫓지 않는 것이다. 우리의 보잘것없음은 이런 종류의 성공으로 치유될 수 없다. 그렇다면 자신의 보잘것없음을 진실로 받아들이고 여전히 최선의 삶을 살기 원하는 사람에게 적합한 인생의 길, 탁월함의 길은 무엇일까?

"우리가 숱한 사람 중 하나일 뿐이라는 깨달음은
우리를 자유롭게 한다."

인간의 동등성

| 철학자도, 짐꾼도 똑같이 태어난다

"각 사람이 지닌 선천적인 재능의 차이는 사실 우리가 생각하는

것보다 훨씬 작다."

_ 「국부론」, 1편, 2장

즉, 비록 인정하기 힘들지 모르지만,

자연은 우리를 거의 비슷하게 만들었다.

18장의 인용문에서 스미스는 공정한 관찰자가 비록 달갑지는 않지만 꼭 필요한 교훈을 제공한다는 점을 보여주었다. 우리는 다른 사람에 비해 더 낫지도, 더 나쁘지도 않은 동등한 존재라는 교훈 말이다. 이번 장의 인용문에서는 한 걸음 더 나아간다. 공정한 관찰자가 알려주는 불편하지만 필수적인 교훈은 우리는 결국 자연이 우리에게 항상 의도했던 것 그 이상도, 이하도 아니라는 것이다.

스미스가 납득시키려는 요점은 이것이다. 사람들이 아무리 많이 다른 것 같고, 어떤 사람이 다른 사람에 비해 아무리 재능이 더 많아 보인다 해도 실상 그런 차이는 '자연적으로 타고난 것이 아니라 습관, 관습, 교육에서 비롯되었다'라는 것이다.

스미스는 자신의 주장을 강조하려고 '철학자'와 '거리의 평범한 짐꾼'을 비교한다. 그가 이런 사람을 선택한 것은 많은 사람들의 눈에 그들이 '가장 다른 사람'으로 보인다고 생각하기 때문이다. 이 구절을 읽을 때면 나는 언제나 아버지를 떠올린다. 블루칼라 세계와 화이트칼라 세계를 모두 경험한 아버지는 손을 보면 그 사람에 대해 많은 것을 알 수 있다고 자주 말했다.

스미스가 여기서 이용하려는 것은 바로 관찰의 결과이다. 그는 사람들이 흔히 겉모습과 직업을 기준으로 계층을 분류한다는 것을 안다. 하지만 스미스의 목적은 이런 태도를 판단하는 것이 아니다. 단지 이런 습관적인 판단이 우리의 눈을 가려 많은 사람, 특히 상류층 사람들이 인정하기 싫어 하는 진실을 보지 못하게 만든다는 사실을 강조하는 것이다.

스미스의 표현에 따르면, 태어날 때 그리고 인생의 처음 6, 7년 동안 미래의 철학자와 미래의 짐꾼은 아주 비슷하여 그들의 부모나 놀이 친구도 특별한 차이를 깨닫지 못한다. 다만 습관, 관습, 교육의 효과가 나타나면서 비로소 둘 사이에 차이가 나는 것처럼 보이기 시작한다. 스미스는 시간이 지나면서 습관, 관습, 교육으로 발생한 차이가 철학자의 허영심을 키워 자신과 짐꾼 사이에 어떠한 유사점도 인정하지 않으려 한다고 말한다.

매우 과격한 주장이다. 이 주장이 스미스에게 왜 중요했을까? 이 주장이 왜 우리에게 중요할까? 몇 가지 이유가 있다. 첫째, 이것은 스미스가 자기에 대한 비판을 받아들인다는 것을 보여준다. 스미스는 여러 곳에서 특정 유형의 사업가와 정치인을 비판했고, 자신의 직업도 비판의 대상에서 제외하지 않았다. 오히려 자기 자신이 다른 사람들보다 더 낫다고 생각하는 허영심의 사례를 들 때, 한때 글래스고대학의 도덕철학 교수였던 그는 세상의 모든 직업 가운데 철학자를 그 예로 선택했다. 나는 이것이 스미스의 품격을 말해주며, 우리와 같은 학자들의 특징적인 악을 잘 포착했다는 점에서 칭찬하고 싶다. 훗날 막스 베버는 허영심이 '학자들의 직업병'이라는 유명한 말을 했다. 스미스는 더 오래전에 이것을 알았다.

철학사에서 이런 견해를 밝힌 사람이 막스 베버만은 아니다. 가끔 나는 스미스가 이와 다른 이야기를 몰랐을지 궁금하다. 예를 들어, 플라톤이 쓴 『국가』의 중요한 장면에서 소크라테스는 이상적인 시민들은 이른바 '고상한 거짓말'에 대해 교육을 받을 필요가 있다고 말한다. 고상한 거짓말은 몇 가지 내용으로 구성되는데, 우리가 살펴보아야 할 부분은 이상적인 도시의 시민들은 자기 영혼 속에 특정한 금속을 갖고 태어난다고 믿도록 교육받아야 한다는 주장이다. 가령 영혼 속에 금을 갖고 태어나는 사람들은 철을 갖고 태어나는 사람들보다 선천적으로 더 뛰어나다는 것이다.

소크라테스는 이에 대해 매우 예리하게 '거짓말'이라고 명시했지만, 그의 발자취를 따르는 많은 철학자들(그리고 많은 사람들)은 이 개념을 자기 강화의 진리로 받아들였다. 즉, 어떤 사람들은 어떤 식으로든 선천적으로 다른 사람들보다 더 우월하다는 생각을 정당화시키는 진리로 여긴다. 하지만 스미스는 이런 견해에 분명히 반대하며, 인간은 선천적인 재능과 능력에 있어 동등하다고 주장한다.

인간의 선천적 평등에 관한 주장으로 스미스는 플라톤과 소크라테스에게서 멀어지지만, 우리 세계와는 더 가까워진다. 이 장의 인용문은 이 책이『국부론』에서 인용한 두 개의 인용문 중 두 번째 것이다. 이 인용문이 포함된『국부론』이 1776년에 출간되었기 때문에, 마침 같은 해에 출판되었고 인간의 선천적 평등에 대한 놀라운 내용이 들어있는 다른 문서가 생각난다.

미국 독립선언서를 작성한 토머스 제퍼슨과 다른 초안자들은 '모든 인간이 평등하게 창조되었다'라는 사실이 자명하다고 선언했다. 그들은 스미스와 같은 입장이었다. 스미스와 미국 건국의 아버지들은 인간은 선천적으로 동등하며, 따라서 모든 인간은 품위 있고 존엄한 대우를 받을 가치가 있고, 인간의 몇몇 특정 행동은 불법적인 것으로 간주한다는 데 동의했다.

아울러, 제퍼슨의 주장과 스미스의 주장 사이에는 미묘하지만 중요한 차이점이 있다. 미국 독립선언서는 모든 인간이 창조자에 의해 양도할 수 없는 권리를 부여받았다는 점에서 인간의 평등성이 가장 명백하게 나타난다고 말한다. 하지만 스미스는 우리 모두가 대체로 동등한 '자연적 재능'을 받았다는 점에서 인간의 평등이 분명히 드러난다고 말한다.

물론 재능은 권리와 다르다. 재능에 초점을 맞추는 것, 구체적으로 말하자면 동등한 선천적 재능을 갖고 태어난 인간이 성장 과정에서 달라진다는 점에 초점을 맞추는 것은 좋은 삶의 문제에 관심을 둔 우리에게 과거의 내가 어떻게 하여 현재의 내가 되었는지 묻게 된다. 인생이 특별히 잘 풀린 사람들은 성공의 공로를 누구에게 돌려야 할지 의문이 들 수 있다. 유전자를 물려준 부모에게 공을 돌려야 할까? 발전하기 위해 열심히 노력한 자신에게? 혹은 우리를 가르치고 성장하도록 열심히 도와준 스승에게 돌려야 할까? 아니면 운명이 우리를 다른 사람들보다 성공할 기회가 더 많은 위치에서 태어나게 한 걸까?

자신의 노력으로 성공했다고 말하면 기분 좋고 만족스럽다. 하지만 스미스는 '관습, 습관, 교육'의 중요한 역할을 강조하면서 성공한 사람이 때로 스스로 생각하는 만큼 자기 운명의 주인이 아니라고 생각할 근거를 제시한다. 이런 성찰을 통해 성공한 이들은 더 겸손해지고, 성공하지 못한 사람들은 덜 부담스러울 수 있다. 이런 면에서 성찰은 '도덕적 교훈 중 최대 난제'를 가르쳐주는 공정한 관찰자의 노력에 큰 보탬이 될 수 있다.

"인간은 선천적인 재능과 능력에 있어
동등하다."

선택

| 지혜를 배우고 미덕을 실천하는 좁은 길

"우리는 타인의 존경과 찬사를 받을 자격을 얻어 영광을 누리려
는 야심을 품고 치열하게 경쟁한다. 이 엄청난 목표를 이룰 수 있
는 길은 두 가지이다. 첫째는 지혜를 배우고 미덕을 실천하는 길
이고, 둘째는 부와 위대함을 성취하는 길이다."

_ 『도덕감정론』, 1부, 3편, 3장

즉, 우리는 세상이 찬사를 보내는 길과
사람이 별로 가지 않는 길 중에서 선택해야 한다.

이제 우리는 선택을 해야 할 때다. 스미스는 인간의 본성이 무엇인지, 선천적인 필요와 욕망이 무엇인지에 대해 많은 것을 말해주었다. 또한 세상에 대해, 그리고 세상이 어떤 보상을 해주는지에 대해 보여주었다. 하지만 우리는 이 모든 내용, 특히 인생의 시계가 계속 돌아가고 있다는 사실을 고려하면서 하나의 인생길을 선택해 걸어가야 한다.

이번 장의 훌륭한 인용문에서 스미스는 우리가 결단해야 할 매우 중요한 선택지를 최대한 선명하게 제시한다. 그는 실례를 무릅쓰고 선택지를 두 개로 축소한다. 이 인용문이 포함된 단락을 살펴보면 그가 제시한 두 가지 선택지가 매우 의도적임을 알 수 있다. 갈림길의 선택 구조로 된 전체 단락은 결국 우리의 선택지가 두 개의 다른 길, 두 개의 다른 성품, 두 개의 다른 모델, 두 개의 다른 그림임을 보여준다. 이 선택지들의 의미는 무엇이며, 우리는 어느 쪽을 선택해야 할까?

스미스가 제시한 두 가지 길 중에서 두 번째 길은 많은 사람들이 걸어가는 길이다. 부자들과 위대한 사람들, 곧 세상이 주는 보상을 갈망하는 사람들이 걷는 길이다. 분명히 말하건대, 스미스는 이 세상을 굉장히 매력적인 곳으로 그리지는 않는다. 그에게 이 세상은 '오만한 야심과 과시적인 욕망'의 장소이며, '천박하고 반짝거리는 겉모습'을 뽐내는 사람들이 사는 곳이다.

스미스가 들려준 내용에 더해 직접 겪은 경험과 지속적인 관찰을 통해 우리도 이런 유형의 사람들을 잘 알고 있다. 이들은 자기밖에 모른다. 어쩌면 바로 이 넘치는 자기애 때문에 권력자가 되려는 경향이 있는지도 모르겠다. 이런 유형은 특히 정치계에서 자주 볼 수 있다. 스미스가 말하듯, 정치 선거의 승자는 '자신의 자격에 대해 추호도 의심을 품지 않는 무례한 멍청이'인 경우가 가끔 있다.

하지만 나는 여기서 정치인에게 천박한 공격을 가할 생각은 없다. 요점은 종종 너무 저속하고 혐오스러울 정도의 과도한 자기 강화를 성공의 요인으로 여긴다는 것이다. 스미스는 분명히 말한다. "세상의 큰 성공, 혹은 사람들의 감정과 견해를 통제하는 큰 권력은 과도한 자화자찬 없이 좀처럼 얻기 어렵다." 정확히 말하면, 지나친 허세는 대중을 현혹하며, 때로 다른 사람들보다 자기가 훨씬 더 우월하다고 생각하는 사람들조차 속인다.

여기에는 오늘날의 정치를 이해하려는 사람들이 생각해볼 만한 내용이 많다. 하지만 이것이 우리의 관심사인 좋은 삶에는 무슨 의미가 있을까? 이를 위해 스미스가 설명한 다른 길을 살펴보자. 부와 위대함의 길이 아니라 지혜를 배우고 미덕을 실천하는 첫 번째 길 말이다. 이 길이 어떤 길이든 부와 위대함을 추구하는 야심가들이 걷는 길과는 정반대의 길이다. 야심가의 길은 자만과 과시의 길이지만, 이 길은 '자기를 낮추는 겸손'과 '공평한 정의'의 길이다. 야심가의 길은 천박하고 화려하게 반짝이지만, 이 길은 더 바르고 우아하게 아름답다.

더 중요한 점은 두 번째 길의 여행자들은 어쩔 수 없이 뭇사람의 눈길의 대상이 되지만, 첫 번째 길을 걷기로 한 사람들은 학구적이고 신중한 관찰자 외에 다른 사람의 주목의 대상이 되기 어렵다는 것이다. 끝으로 스미스는 지혜와 미덕을 진정으로 추구하는 사람은 소수뿐임을 알려준다. 이 소수의 무리는 부와 위대함을 숭배하고 찬양하는 대다수의 사람들에 의해 무시되곤 한다.

첫 번째 길은 사람들이 많이 걸어가지 않는 길이 분명하다. 소수가 걸어가는 길이 더 나은 길이라고 믿을 만한 이유는 뭘까? 몇 가지 이유를 들 수 있는데, 그중 일부는 앞에서 살펴보았던 주제를 다시 돌아보게 한다. 첫째, 우리는 8장에서 평온이 행복에 꼭 필요하다는 점을 살펴보았다. 그런 관점에서 볼 때 첫 번째 길은 평온으로 이어질 가능성이 더 높아 보이고, 두 번째 길은 천박한 장엄함과 대중에 비치는 겉모습에 집착할 가능성이 높아 보이기 때문이다.

둘째, 우리는 13장에서 사랑이 행복에 필수적임을 살펴보았다. 그런 관점에서 볼 때 미덕의 실천을 위해 힘쓰는 첫 번째 길은 자기애에 집중하는 두 번째 길보다 다른 사람의 사랑을 얻을 가능성이 더 높다.

가장 중요한 것은 이것이다. 18장의 마지막 결론 부분을 고려할 때 두 번째 길은 전통적으로 인정되는 위대함을 추구하는 사람들에게 적합하지만, 자신의 '보잘것없음'을 진심으로 믿고 받아들인 사람들은 공정한 관찰자 때문에 그 길을 갈 수 없다. 우리가 수많은 사람 중의 한 사람일 뿐이라고 인정하는 이상, 우리의 존재와 성취를 다른 사람들과 비교하여 자신이 위대하다고 평가할 수는 없다. 물론 부와 타인의 인정을 쟁취하려는 경쟁자들은 그것을 얻기 위해 온 인생을 바친다. 하지만 다른 길을 걷는 사람들은 자신의 과정과 진보를 평가하는 다른 기준이 필요하다. 이것에 대해서는 나중에 다시 이야기하겠다.

우선 지금은 스미스의 생각이 옳고, 따라서 사람들이 덜 가는 길, 곧 '지혜를 배우고 미덕을 실천하는 길'을 갈 때 행복에 필요한 것들을 얻을 가능성이 더 높다고 가정하자. 그 경우 우리가 답해야 할 두 가지 질문이 제기된다. 첫째, 도대체 '지혜'란 무엇인가? 어디에서 지혜를 찾을 수 있을까? 둘째, '미덕'이란 정확히 무엇일까? 최선의 삶을 사는 데 미덕이 왜 그렇게 중요할까?

자신과 타인

| 이기심을 최소화하고 자비심을 최대화하는 미덕

"우리가 필연적으로 가장 사랑하고 존경하는, 가장 완전한 미덕을 갖춘 사람은 자신의 원초적인 이기심을 철저히 통제하며, 아울러 타인에 대한 원초적인 공감 능력이 뛰어난 예민한 감수성을 지니고 있다."

_ 『도덕감정론』, 3부, 3장

즉, 완전한 미덕을 갖추려면
두 가지 다른 미덕들을 개발해야 한다.

사람들이 북적이는 길은 부와 위대함의 길이며, 인적이 드문 길은 지혜와 미덕의 길이다. 하지만 지혜와 미덕은 정확히 무슨 의미일까? 스미스는 우선 '가장 완전한 미덕을 갖춘 사람'을 설명하면서 이 질문에 접근한다. 여기서 그는 미덕의 개념을 흥미로운 방식으로 정의한다. 대부분의 사람들은 용어와 개념을 정의할 때 그것을 설명하려고 노력한다. 하지만 스미스는 설명 대신 보여주는 데 초점을 맞춘다. 그는 특정 유형의 사람의 모습을 대략적으로 보여주면서 미덕을 정의한다. 완벽한 미덕을 갖춘 사람은 누구이며, 무엇이 그 사람을 그토록 특별하게 만들까?

먼저 염두에 둘 것은 이 사람이 평범한 미덕이 아니라 완전한 미덕을 갖추었다는 점이다. 보다시피 스미스는 '완전한'이라는 단어를 사용하는 데 아무런 거리낌이 없다. 이런 점에서 그는 완전함에 대해 언급하길 거북해하는 오늘날의 많은 도덕철학자들과 다르다. 완전함, 혹은 완전성이란 인간을 특별한 목적을 가진 존재로 간주한 고대철학의 용어이다. 이런 관점에서 볼 때 완전성은 우리의 타고난 최종 목적을 달성하거나 성취하는 개념이다. 스미스는 이런 의미의 목적론적 사상가는 전혀 아니다. 비록 우리가 어떤 것을 위해 만들어졌다고 생각한 것은 분명하지만, 모든 인간이 완전한 미덕을 성취하기 위해 따라야 할 한 가지 특정한 길이 있다고 생각하진 않았기 때문이다.

하지만 지금 더 중요한 것은 이곳을 포함한 여러 곳에서 스미스가 완전성이란 용어를 사용한다는 사실이다. 그렇다면 다음 질문을 하지 않을 수 없다. 우리 역시 목적론을 받아들이지 않는다면 완전성에 대해 말하는 것이 무슨 의미가 있을까? 인간의 타고난 목표 또는 목적에 대한 비전이 없다면 완전성을 어떻게 판단할 것인가? 우리가 아직 이 질문에 대답할 수는 없지만 논의해볼 필요가 있는 중요한 질문이다.

역시 유의해야 할 두 번째 요점은 스미스가 사용하는 '미덕'이란 용어이다. 미덕 역시 근대 도덕철학보다는 고대 도덕철학자들과 더 많이 관련된 개념이다. 그렇다고 근대 철학자들이 미덕이란 개념을 포기했다고 말할 수는 없다. '덕 윤리(virtue ethics, 의무나 원칙,

행위의 결과보다는 사람의 품성과 덕을 강조하는 윤리학 이론 —옮긴이)'
로 알려진 학문의 재등장은 이런 의심이 거짓임을 보여준다. 아울
러 오늘날 윤리학자들이 미덕에 대해 말할 때 일부 학자들은 흔히
플라톤의『메논』이나 아리스토텔레스의『니코마코스 윤리학』과 같
은 미덕에 관한 고대 저작들이 강조한 종합적인 탁월성보다는 삶의
기술이나 성격의 강점에 가까운 내용을 생각한다.

　　이런 면에서 볼 때 스미스는 근대보다는 고대에 가깝다. 그의 시
각에서 미덕은 단순히 기술이나 강점이 아니라 그 이상이다. "미덕
은 탁월함이며 비범할 정도로 훌륭하고 아름다운 것으로, 천박하고
평범한 것을 훨씬 뛰어넘는다." 이러한 스미스의 생각도 근대 철학
자들이 말하는 방식이 아니다. 스미스가 아름답고 초월적인 탁월함
의 범주를 언급한 것 역시 고대의 용어에서 가져온 것이다.

　　이 내용들은 지금 논의한 주된 이슈의 서두에 지나지 않는다. 완
전한 미덕을 갖춘 사람은 일종의 고귀한 탁월함을 갖춘 사람이라고
말해도 좋을 것이다. 그런데 이 사람은 정확히 무엇 때문에 일반 사
람과 구별되는 고귀한 사람이 될까? 존재방식이나 행동방식에 특
별한 어떤 것이 있을까? 그것은 우리가 탁월함을 원할 때 스스로 노

력하여 성취할 수 있는 것일까?

　이를 위해 스미스는 이 사람의 두 가지 중요한 특징을 간략히 설명한다. 이 과정에서 그는 질문을 '미덕'에서 '미덕들'로 살짝 변형한다. 추상적인 개념의 단수형에서 보다 구체적인 범주의 복수형으로 바꾼 것이다.

　핵심은 가장 완전한 미덕을 갖춘 사람이 스미스가 언급한 '두 종류의 다른 미덕'을 지닌 사람으로 정의된다는 것이다. 이 장의 인용문에 바로 이어서 나오는 문장에서 그는 이 두 가지 미덕이 정확히 무엇인지 분명하게 밝힌다. "최고의 사랑과 존경을 받기에 합당한 사람은 부드럽고 상냥하고 온화한 미덕들과 위대하고 끔찍하며 존경할 만한 미덕들을 결합한 사람이다."

　여기서 스미스는 미덕을 두 부류로 나눈다. 하나는 우리 자신과의 관계에 관련된 미덕이다. 이 미덕의 목적은 자신에 대한 감수성을 줄여 이기심을 억제하도록 돕는 것이다. 그는 이것을 자신에 대한 비타협적이고 가혹한 규율이 필요하다는 의미에서 '끔찍한 미덕들'이라고 부른다. 다른 하나는 다른 사람과의 관계를 맺는 방식에 관한 것이다. 끔찍한 미덕들이 자신에 대한 감수성을 줄이는 것과 반대로 두 번째 미덕들은 타인에 대한 감수성을 키우는 것을 목표로 삼으며, 다른 사람에 대한 공감성을 북돋운다는 면에서 '호의적인 미덕들'이라고 부른다.

　스미스가 미덕들을 나누는 방식은 이해하기 쉽다. 하지만 왜 하필 이 두 가지 범주로 나누었을까? 그 배경에는 도덕적인 삶과 도덕적 의사결정을 규정하는 행위자와 관찰자 간의 역동적 관계에 대한 그의 비전이 놓여 있다. 스미스에 따르면, 우리는 주변 사람들과 끊임없이 공감을 주고받는다. 어떤 행동을 할 때 우리는 다른 사람들이 우리 행동을 보고 우리의 관점을 받아들여 공감할 거라고 기대하거나 받아들이지 않을 것이라고 예상한다. 물론 우리는 다른 사람들이 우리의 행동방식에 공감해주길 원한다. 따라서 이 두 종류의 미덕들의 역할은 다른 관찰자들의 시각에 우리의 행동을 더욱 부합되도록 하여 우리가 바라는 공감을 얻을 확률을 최대한 높이는 것이다. 끔찍한 미덕들을 실천하여 이기적인 감정을 절제할 때 우리는 공정한 관찰자가 우리를 바라볼 때 느끼는 감정에 좀 더 가까워진다. 또 호의적인 미덕들을 발휘하여 다른 사람에게 공감하는 감정을 북돋울 때 우리는 다른 사람들의 감정에 더욱 가까워진다.

스미스는 이렇게 주장한다. "두 종류의 다른 미덕들은 이 두 가지 다른 노력, 즉 당사자의 감정에 이입하려는 관찰자의 노력과 자신의 감정을 통제하여 관찰자의 감정과 일치시키려는 당사자의 노력을 기반으로 한다."

하지만 이 내용은 스미스의 미덕 이론이 그의 전체 사상체계에 얼마나 적합한지 설명해줄 뿐이다. 이것이 더 나은 삶을 살고자 하는 우리에게 중요한 이유는 뭘까? 이를 이해하려면 스미스가 여기서 우리에게 요구하는 것이 무엇인지 살펴볼 필요가 있다.

스미스는 아주 독특한 시각으로 인간의 탁월함을 바라본다. 사상가들은 대체로 특정 유형의 미덕을 다른 미덕들보다 더 선호한다. 엄격한 사상가들은 끔찍한 미덕들을 좋아하는 경향이 있다. 즉, 자기를 극복하는 사람들, 다시 말해 고난과 욕구 좌절에서 비롯된 고통과 괴로움을 묵묵히 견딜 수 있는 기개 있고 강인한 사람을 높이 평가한다. 좀 더 부드러운 유형의 사상가들은 호의적인 미덕들을 선호한다. 즉, 타인의 고통을 느낄 수 있는 온화하고 자비로운 영혼을 가진 사람들을 칭찬한다.

미덕에 대한 스미스의 비전은 이 둘을 통합하는 것이다. '우리가 필연적으로 가장 사랑하고 존경하는' 사람이 되길 간절히 바란다면, 비록 미덕의 종류가 다르다 해도 결국 두 종류의 미덕을 모두 갖추어야 한다고 믿기 때문이다.

완전성

| 지혜롭고 덕 있는 사람의 목표

"다른 사람에게 더 많이 공감하고 자신에게 엄격한 것, 이기심을 억제하고 자비심을 발휘하는 것이야말로 인간 본성의 완전성이라 할 수 있다. 이를 통해 인간 사회에 감정과 열정의 조화가 창출되고 모든 면에서 품위와 예의가 나타난다."

_ 「도덕감정론」, 1부, 1편, 5장

즉, 개인의 완전성은 자신은 물론
사회에도 유익하다.

이번 장의 인용문을 통해 스미스는 21장의 교훈을 반복한다. 더하여 새로운 방향을 제시하는 지점도 있다. 우선 인간 본성의 완전성이 어떤 것인지를 보여줄 때 앞에서 살펴본 '가장 완전한 미덕을 갖춘 사람'의 모습에서 제시했던 내용을 반복한다. 완전성의 특징은 이기심을 최소화하고 자비심을 최대화하는 것이다. 스미스는 호의적인 미덕과 끔찍한 미덕을 다시 언급하면서 우리가 완전성을 바란다면 다른 사람에게 더 많이 공감하고 자기 자신에게 엄격하려고 힘써야 한다고 주장한다.

이것은 이미 알고 있는 내용이다. 이번 장의 인용문에서 새로 추가된 내용은 완전성이 왜 우리에게 유익한가 하는 점이다. 이를 위해 지금까지 논의과정에서 사용해왔던 선의 기준을 다시 생각해볼 필요가 있다. 좋은 삶의 측면에서 선은 두 가지 요소, 자신에게 선한 것과 타인에게 선한 것으로 이루어진다. 그렇다면 인간 본성의 완전성이 어떻게 나와 타인에게 유익할까?

21장에서 우리가 스미스가 말하는 의미로 완전하게 되면 '타인에게 사랑과 칭찬을 받을 만한 대상'이 되기 때문에 자신에게 유익하다는 것을 알았다. 이것은 또한 완전한 미덕을 갖춘 사람이 비록 항상 다른 사람의 사랑과 칭찬을 받지 못한다 해도 그들의 사랑과 칭찬을 받기에 합당한 사람이라는 뜻이기도 하다. 앞서 보았듯이 이것은 우리가 가장 바라는 가치이며, 우리의 진정한 행복이 여기에 달려 있다.

나아가 인간 본성, 곧 자아의 완전성은 자신에게만 유용한 것이 아니다. 타인에게도 유익하다. 이것이 스미스가 추가한 중요한 내용이다. 그의 요점은 타인에게 더 많이 공감하고 자신에게 엄격하게 대하는 미덕을 갖춤으로써 우리의 본성을 완전하게 할 때 사회의 완성이 촉진된다는 것이다. 이것은 이런 특별한 유형의 개인적 완전성 덕분에 사회에 '감정과 열정의 조화'가 이루어진다는 주장으로 나타난다. 스미스는 이런 완전성이 사람들 간의 조화를 만들 수 있다고 주장할 뿐 아니라, 더 나아가 이런 완전성만으로도 '오롯이' 이 같은 조화를 이룰 수 있다고 이야기한다. 요점은 자아의 완전성을 추구할 때 유익을 얻는 것은 개인뿐만 아니라 사회 전체라는 것이다.

이것은 놀라운 주장으로 잠시 생각할 필요가 있다. 우선, 자아의 완전성이 사회의 완전성과 연결되어 있다고 주장한다는 점에서 놀랍다. 스미스의 제안은 제로섬이나 양자택일 방식의 사고를 뒤집는다. 하지만 가장 놀라운 점은 이상적인 사회생활을 '감정의 조화' 상태로 규정한다는 것이다. 이것은 그의 자유주의적 비전을 고스란히 상속한 우리가 흔히 좋은 사회를 이해하는 방식과는 매우 다르다. 우리는 자유가 극대화되는 사회, 또는 평등이 보장되는 사회, 정의가 실현되는 사회를 좋은 사회라고 말하고, 이런 이상들이 소중하기 때문에 이를 위해 기꺼이 싸우겠다고 공언한다. 비록 그것이 대중적인 의견과 반대되고 큰 분란을 일으키더라도 말이다.

반면 스미스는 사회의 완전성에 대해 매우 색다른 견해를 펼치고 있다. 이러한 스미스의 방향성은 우리가 익숙하게 믿었던 것과 다른 부분이 분명히 있다. 우리는 사회의 '조화'와 이 조화로 인해 가능한 '품위'를 높이 평가하는 스미스의 판단을 얼마나 믿어야 할지 스스로 판단해야 한다. 하지만 사회가 더욱 분열하고 갈라지고 이전보다 더 혼란스럽게 된 지금, 조화와 품위가 있는 사회에 대한 스미스의 비전은 권리와 인정에 관한 주장이 난무하는 사회를 온전히 대체하지는 못할지라도 유용한 보완책이 될 수 있다.

스미스는 여기서 우리의 핵심 질문에 유용한 안내지침을 제공한다. 자신과 타인에게 모두 유익한 삶의 방향을 찾고 있는 우리에게 스미스는 완전한 미덕을 갖춘 사람과 인간 본성의 완전성에 대한 논의를 통해 이런 삶의 비전을 제시하고자 노력한다. 계속된 질문이 성가실지도 모르겠지만, 계속해서 언급하고 있는 완전성은 확실한 근거가 있는 것일까? 스미스가 고대 철학자들과 다른 방식으로 완전성에 대해 말한다는 것을 앞에서 이미 살펴보았다. 그렇다면 그는 이 용어를 정확히 어떻게 사용하고 있는 걸까? 무엇보다, 스미스는 인간이 완전성을 실제로 성취할 수 있다고 생각할까?

스미스는 『도덕감정론』의 다른 두 곳에서 '완전성'이 정확히 무엇인지 설명할 때 이런 질문을 던진다. 그에 따르면, 완전성은 두 가지 다른 의미가 있으며 '두 가지 다른 기준'을 적용한다. 첫 번째 의미는 '절대적 완전성' 또는 '완벽한 적정성과 완전성'의 개념과 관련된다. 이것은 '어떤 인간의 행위로도 절대 실행할 수 없거나 도달할 수 없는' 완전성이다. 반면 완전성의 두 번째 의미는 '절대적 완전성에 근접한 정도' 혹은 '다소 차이가 있는 수준'을 말하며, 많은 인간의 행동이 보통 이 수준에 도달한다. 즉, 다양한 인간의 노력으로 성취할 수 있는 일반적인 수준의 탁월함이다.

여기서 완전성에 대해 특히 유념해야 할 사항이 몇 가지 있다. 첫째, 스미스는 인간이 절대적 완전성을 이룰 수 있다고 생각하지 않는다. 따라서 그가 가장 완벽한 미덕을 갖춘 사람이나 인간 본성의 완전성에 대해 말할 때, 특히 인간의 미덕에 대해 언급하는 한 절대적 의미의 완전성이 아니라 두 번째 의미의 완전성, 인간이 실제로 성취할 수 있는 완전성을 말하는 것이다.

둘째, 비록 인간이 절대적 수준의 완전성을 이루는 것은 불가능하다고 말했지만, 그렇다고 해서 절대적 완전성을 단념한 채 우리의 비전을 두 번째 유형의 완전성으로 한정하지는 말아야 한다. 그 이유를 알려면 가장 성공적인 삶을 산 사람에 대한 그의 설명을 되새겨볼 필요가 있다. 스미스가 보기에 삶을 살아가는 데 가장 성공한 사람은 인간 본성을 최고로 완전한 수준으로 끌어올린 사람이자 모든 지적, 도덕적 미덕을 최대한 높은 수준으로 보여주는 사람이다. 그리고 무엇보다 가장 완전한 지혜와 가장 완전한 미덕을 함께 구현하는 사람이다.

지혜와 미덕

| 자신과 타인에 대한 신중한 관찰과 반성

"지혜와 미덕을 갖춘 사람의 주요 관심사는 첫 번째 기준인 완벽한 적정성과 완전성이다."

_ 「도덕감정론」, 6부, 3장

즉, 현명하고 덕 있는 사람의 지혜는
완전성에 대한 이해에서 비롯된다.

이제는 핵심 주제를 다룰 때이다. 스미스는 우리가 좋은 삶을 위해 생각하고 실천해야 할 내용과 인간상에 대해 다양한 방식으로 설명했다. 그렇다면 이제 스미스가 말하는 좋은 삶이 정확히 어떤 것인지 보여줄 때가 되었다. 이를 위해 그는 자신이 '지혜와 미덕을 갖춘 사람'이라고 부른 사람을 묘사한다. 그의 윤리학에서 볼 때 지혜롭고 덕 있는 사람은 진정한 의미에서 최고의 인물로서, 독자인 우리가 인생에서 각자의 방식으로 모방하기 위해 애써야 할 사람이다. 이 사람은 어떤 점에서 그렇게 특별할까?

지혜와 미덕을 갖춘 사람이라는 표현에 찬사의 이유가 암시되어 있다. 지혜와 미덕을 갖춘 사람이 다른 사람에 비해 특별한 것은 지혜와 미덕을 '함께' 갖추었기 때문이다. 이것은 그 자체로 놀라운 성취다. 플라톤과 아리스토텔레스 같은 고대 철학자들은 흔히 철학자들이 구현한 지혜의 삶과 선량한 시민과 귀족이 구현한 윤리적 미덕의 삶을 구분했다. 지금까지도 사상가들은 이러한 구별을 계속 중요하게 여기고 '관조적 삶vita completiva'과 '활동적 삶vita activa'의 차이를 강조한다.

하지만 스미스는 이런 구분을 거부한다. 진정한 탁월함은 둘 중 하나를 선택하는 것이 아니라 두 유형의 탁월함을 통합하는 데 있기 때문이다. 지혜와 미덕을 함께 갖춘 사람은 미덕이 지혜에 영향을 주고, 또한 지혜가 미덕에 영향을 미치는 사람이다.

지혜와 미덕이 어떻게 함께 작동하는지 알려면 지혜와 미덕이 정확히 무엇인지 알아야 한다. 먼저 이 장에서 최고의 인물이 지닌 지혜라는 개념에 대해 알아보고, 다음 장에서 최고의 인물이 지닌 미덕의 개념이 무엇인지, 또 지혜가 미덕에 어떤 영향을 미치는지 살펴볼 것이다.

그렇다면 지혜와 미덕을 갖춘 사람의 지혜는 정확히 무엇일까? 이 장의 인용문은 지혜와 미덕의 사람이 우리가 이미 만났던, 앞서 스미스가 언급한 '절대적 완전성'에 한결같이 주의를 기울이는 사람이라고 이야기한다. 우리는 스미스가 언급한 두 종류의 완전함, 즉 어떤 인간의 노력으로도 결코 도달할 수 없는 절대적 완전성과 실제적인 인간 활동 중 최고 수준을 나타내는 상대적 완전성을 기억한다. 지혜와 미덕의 인간은 두 번째 기준을 알고 있지만, 그것은 그의 주요 관심사가 아니다. 오히려 그가 주목하는 것은 '첫 번째 기준'이다.

이 지점에서 몇 가지 의문이 제기된다. 첫째, 지혜와 미덕을 갖춘 사람은 이러한 절대적 완전성 또는 완벽한 적정성과 완전성을 어떻게 알게 되었을까? 무엇보다, 스미스는 분명히 이것이 인간의 행위가 결코 도달할 수 없는 수준이라고 말한다. 그렇다면 지혜와 미덕의 사람은 자신의 삶으로 구현한 이 고결한 개념을 어디서 알게 되었을까? 스미스의 대답은 놀랍다. 더욱 놀라운 것은 스미스가 완전성 개념을 깨닫는 방식이 철학이나 종교가 제시하는 그것과 다르다는 것이다.

다시 고대철학으로 돌아가 보자. 예를 들어, 플라톤은 이 세상보다 높은 영역에 다양한 유형의 완전성을 나타내는 '원형'이 있으며, 우리가 그것을 보려면 신적 조명(divine illumination, 인간의 인식 활동에는 초자연적이고 신성한 도움이 필요하다는 철학이론 ―옮긴이)이나 철학적인 천재성이 필요하다고 가르쳤다. 한편 기독교는 고대철학과는 분명히 다른 개념을 갖고 있지만, 마찬가지로 우리가 완전성을 보려면 계시가 필요하다고 가르친다. 이 계시를 통해 눈먼 자가 영적인 시각을 얻어 이 세계의 사물 너머에 있는 완전성을 볼 수 있다는 것이다.

하지만 스미스의 완전한 사람은 전혀 다른 결을 갖고 있다. 그가 말하는 완전성은 어떤 의미에서 '저 위'에 있는 것이 아니고, 보기 위해 특별한 계시가 필요한 것도 아니다. 스미스의 완전성은 바로 '이 아래', 즉 이 세상에 속한 것이다. 여기에는 두 가지 의미가 있다.

첫 번째 의미는 완전성의 개념이 모든 인간에게 동일하다는 것이다. 스미스는 고결한 완전성의 개념이 오직 소수에게만 알려지는 것이라는 주장을 거부하고, 이런 개념이 모든 사람의 마음에 존재한다고 강조한다. 지혜와 미덕의 인간을 특별하게 만드는 것은 단순히 그가 이런 개념을 안다는 사실이 아니다. 이것은 이미 모든 사람 속에 있기 때문이다. 지혜와 미덕의 인간이 특별한 것은 그가 이런 개념을 발전시키기 위해 노력한다는 점이다.

두 번째 의미는 스미스가 말하는 완전성의 개념이 이 아래, 이 세상의 것이라는 점이다. 그의 개념은 이 세상을 초월함으로써 획득되는 것이 아니며, 이 세상 사물에 대한 신중한 관찰과 추론에서 비롯된다. 스미스는 이 논의 내내 관찰자적 시각과 관찰이 중요한 역할을 한다는 점을 특히 강조한다. 그는 지혜와 미덕을 갖춘 사람의 완전성 개념이 자신과 타인의 행동에 대한 관찰을 통해 점차 형성된다고 설명한다. 개념이 발전하려면 느리지만 점진적으로 발전하는 노력이 필요하다. "매일 어떤 특징이 개선되고 매일 어떤 결점이 바로잡힌다"라는 것이 스미스의 주장이다.

요점은 이런 과정이 극도로 예민하고 섬세한 감수성과 최선의 관심과 주의를 통해 이루어지는 관찰에서 시작된다는 것이다. 우리가 완전성에 대한 한층 더 올바른 이미지를 형성하고 이 우아하고 신성한 아름다움에 다른 사람들보다 깊이 매료당하는 데 필요한 것은 신중한 관찰과 부지런한 배움이지, 계시나 철학적 천재성이 아니다.

결국, 지혜와 미덕의 사람이 주목하는 완전성은 위로부터 주어지는 것이 아니라 아래로부터 습득하는 개념이다. 이것은 지혜로운 사람이 이런 개념을 어디에서, 어떻게 얻는지 설명해주긴 하지만, 이 개념이 지혜와 미덕을 갖춘 사람(또는 지혜와 미덕을 갖추길 열망하는 사람)의 삶의 방식에 왜 중요한지 설명하지는 않는다. 스미스는 이런 종류의 지혜가 우리의 삶을 영구적으로 바꾸기 때문에 상당히 중요하다고 보았다. 사실, 이런 종류의 지혜는 지혜를 갖춘 이들에게 미덕에서 벗어날 구실을 주고 이들이 이론과 철학의 고요한 세계로 물러나게 해주기는커녕, 오히려 활동적 미덕의 삶을 살 수 있도록 하고, 그렇게 살도록 촉구한다. 이는 지혜가 그들의 관계, 즉 타인과의 관계와 자기 자신과의 관계를 모두 근본적으로 다시 형성하기 때문이다.

"지혜와 미덕을 갖춘 사람이
다른 사람에 비해 특별한 것은
지혜와 미덕을 '함께' 갖추었기 때문이다."

겸손과 자비

| 지혜로운 자가 불완전함을 대하는 태도

"간단히 말해, 그의 모든 정신과 행동과 몸가짐에는 진정한 겸손
이 깊이, 그리고 또렷이 각인되어 있다. 또 자신의 공로는 최대한
겸손하게 평가하고 다른 사람의 공로는 최대한 높게 인정한다."

_ 『도덕감정론』, 6부, 3편

즉, 지혜와 미덕을 갖춘 사람의 미덕은
겸손과 자비다.

우리는 지혜롭고 덕 있는 사람들이 현명하며, 그들의 지혜가 완전성에 대한 깊은 이해와 공감에서 비롯된다는 것을 살펴보았다. 그렇다면 그들은 정확히 어느 정도로 덕을 갖추고 있으며, 그들의 미덕은 지혜와 어떤 관계가 있을까?

스미스는 지혜와 미덕을 갖춘 사람에 대한 견해를 밝히면서 이 질문에 대해 대답한다. 그는 자신이 설명한 종류의 지혜가 결정적으로 미덕의 형태를 빚어낸다고 주장했는데, 이 과정은 두 가지 방식으로 이루어진다. 첫째는 자신과의 관계를 재형성하고, 둘째는 타인과의 관계를 재형성하는 것이다.

먼저 지혜와 미덕의 사람들이 자신과 맺는 관계를 살펴보자. 앞서 보았듯 이런 사람들은 지혜를 통해 평범한 삶에 대한 관찰과 반성으로부터 절대적 완전성을 깨닫는다. 이것은 그 자체로 놀라운 성취이다. 하지만 이런 사람은 이 같은 깨달음을 통해 지혜로워질 뿐만 아니라 덕을 갖추게 된다. 간단히 말해, 지혜롭고 덕 있는 사람은 완전성의 개념을 알게 되었다 해도 그것이 끝이 아니라는 것을 안다. 설령 그 시점에서 그가 멈춘다 해도 우리는 그를 비난할 수 없다. 만약 그가 자신이 깨달은 완전성의 아름다움을 혼자 즐기고자 한다면 그렇게 할 수 있을 것이고, 우리는 그것이 그의 성취임을 인정할 것이다. 엄청난 노력을 통해 다른 사람들이 결코 명료하게 보지 못하는 것을 볼 수 있게 되지 않았는가.

세상의 나머지 사람들이 완전성을 본 사람의 눈에 어떻게 비칠지 상상해보라. 비유하자면, 틀림없이 모든 사람이 추하고 혐오스러울 것이다. 플라톤의 유명한 동굴 비유 이야기에서 동굴에서 나온 사람의 눈에 그랬듯이 말이다. 당신이 그런 사람이라면 불완전하고 추한 세상으로 다시 돌아가기보다 완전하고 아름다운 세상에 머물고 싶지 않겠는가?

하지만 지혜와 미덕을 갖춘 사람의 실제 모습은 이렇다. 절대적 완전성을 그대로 가만히 보고만 있지 않고, 지혜를 통해 얻은 절대적 완전성에 대한 이해를 다시 현실 세계로 갖고 와서 세상의 일을 판단하는 기준으로 사용한다. 더욱 놀라운 점은 그가 이런 방식으로 판단하는 이 세상의 일 중에 가장 초점을 맞추는 대상이 자기 자신이라는 사실이다. 현명하고 덕 있는 사람은 자기 자신에 대한 공정한 관찰자가 되려고 노력하며, 절대적 완전성의 기준으로 자신을 평가한다.

이것은 고통스러운 일이다. 완전성을 이해하기까지의 힘든 과정보다 더 고통스러울 수도 있다. 스미스는 절대적 완전성을 자신을 평가하는 기준으로 삼으면 우리 중 누구보다 현명하고 선한 사람들조차도 자신의 인격과 행동에서 연약하고 불완전한 부분밖에 볼 수 없으리라고 생각한다. 그로 인해 누구도 거만하고 허세를 부릴 만한 근거를 찾을 수 없고, 후회와 겸손, 뉘우침만 가득할 것이라고 주장한다.

하지만 지혜와 미덕의 사람은 이 고통을 회피하지 않는다. 그는 자신이 유능하며 자신과 다른 사람을 비교하면 충분히 자부심을 가질 만하다는 걸 안다. 하지만 진정한 완전성을 깨달은 이상 자신과 다른 사람을 비교하는 일은 그다지 흥미롭지도, 중요하지도 않다. 이런 비교를 통해서는 큰 기쁨도, 큰 자부심도 느낄 수 없다. 그래서 스미스는 그런 사람은 타인과의 비교를 통해 마음이 고양되기보다 훨씬 더 겸손해진다고 말한다.

지혜와 미덕의 사람이 지닌 지혜는 그에게 '진정한 겸손'과 '겸허'를 가르쳐준다. 그는 완전성을 경험한 뒤 자신이 지금까지 이런 완전성에서 얼마나 자주 동떨어졌는지 기억하고 그에 대해 우려하고 겸손한 마음을 갖는다. 따라서 지혜는 자만을 방지하고 자기중심성을 억제함으로써 미덕으로 이어진다. 이런 의미에서 지혜와 미덕을 갖춘 사람의 지혜는 공정한 관찰자의 과업과 끔찍한 미덕들을 보완하여 온전하게 한다.

한편, 이런 사람의 지혜는 다른 사람과의 관계도 새롭게 바꾼다. 이것은 지혜가 미덕을 보완하는 두 번째 방식이다. 스미스는 지혜롭고 덕 있는 사람이 자신이 경험한 완전성의 관점에서 자신의 불완전함은 물론 타인의 불완전함을 어떻게 이해하는지 보여주는 방식으로 자신의 주장을 전개한다. 그는 지혜와 덕을 갖춘 사람이 실제로 자기보다 아래에 있는 사람들을 건방진 태도로 무시하거나 우쭐대지 않는다는 점을 언급하면서 다음과 같이 말한다.

나 자신이 불완전하다는 것을 통감하고, 또 도덕적 청렴함을 어설프게

흉내 내는 것조차 매우 힘들다는 것을 잘 알기에 설령 다른 사람들이 더 큰 불완전함을 갖고 있다고 해서 이를 경멸할 수는 없다. 다른 사람들의 부족함을 모욕하는 대신 가장 관대한 동정심을 품고 바라보며, 항상 나의 모범과 조언을 통해 그들이 향상되도록 돕고자 한다.(『도덕감정론』)

본질적으로 현명하고 덕 있는 사람은 자신의 상황을 개선하려는 인간의 가장 기본적인 욕구를 업신여기지 않는다. 사실, 그는 자신의 상황에 무관심하고, 타인보다 부나 지위, 권력을 더 많이 갖기 위해 그다지 심혈을 기울이지 않는다. 되레 타인의 상황을 개선하는 것이 이들 삶의 과제이며, 현명하고 덕 있는 사람들은 다른 사람이 발전하도록 돕기 위해 열심히 노력한다.

지혜와 미덕의 사람이 아주 특별한 이유는 자신의 이익보다 사회의 이익과 타인의 이익을 우선 앞세우기 때문이다. 스미스는 이에 대해 분명히 말한다. "지혜와 미덕의 사람은 특정한 질서나 사회의 공적인 이익을 위해 자신의 사적인 이익을 기꺼이 희생한다." 그렇게 함으로써 지혜와 미덕의 사람은 공정한 관찰자의 목소리와 교훈을 얼마나 깊이 마음에 새기고 있는지 확실히 보여준다. 공정한 관찰자는 그가 수많은 사람 중 한 사람에 지나지 않으며, 또 그들 중 어떤 사람보다 더 중요하지 않다고 알려준다. 동시에 항상 더 많은 이들의 안전과 이익, 나아가 영광을 위해 희생하고 헌신할 마음을 가져야 한다고 가르친다.

이로써 이런 삶이 타인에게 좋다고 스미스가 생각한 이유가 분명해진다. 지혜와 미덕의 사람은 다른 사람들에게 봉사하고 그들의 행복을 위해 항상 힘쓰며, 두말할 필요 없이 함께 사는 사람들에게 유익한 삶을 살아간다. 하지만 스미스가 주장하는 방식 때문에 지혜와 미덕을 갖춘 사람의 삶이 자기 자신에게도 좋은 것인지는 정확히 이해하기 쉽지 않다. 무엇보다도, 스미스는 이런 사람에게 타인을 위해 자신을 '희생'하라고 분명하게 요구하기 때문이다. 활동적 봉사의 삶을 위해 완전성을 심사숙고하는 즐거움을 포기하고, 타인의 이익을 도모하기 위해 자신의 이익을 희생하라는 것이다. 이런 사람 덕분에 타인이 이익을 얻는 것이 분명하다고 해도, 이런 삶을 사는 당사자에게는 무슨 가치가 있을까?

"지혜와 미덕의 사람이 지닌 지혜는
그에게 '진정한 겸손'과
'겸허'를 가르쳐준다."

칭찬과 칭찬받을 자격

지혜와 미덕을 갖춘 사람의 즐거움

"지혜로운 사람은 합당하지 않은 칭찬에 별다른 즐거움을 느끼지 않는 반면, 칭찬받을 가치가 있는 일을 할 때에는 비록 아무도 칭찬해주지 않는다는 것을 알더라도 최고의 기쁨을 느낀다."

_ 「도덕감정론」, 3부, 2장

즉, 지혜와 미덕을 갖춘 사람에게 주어지는 보상은 자기만족에서 오는 즐거움이다.

이 책의 목표는 자기에게도 좋고 타인에게도 좋은 삶을 찾는 것이다. 애덤 스미스는 이 탐색에서 지혜와 미덕을 갖춘 사람의 삶을 최고의 삶이라고 본다. 그런 삶이 타인에게 유익하다는 것은 분명하다. 지혜롭고 덕 있는 사람들은 타인의 상황을 개선하기 위해 인생을 바친다. 하지만 그런 삶이 자신에게도 좋을까? 그런 삶을 살기 위해 개인의 이익을 '희생'해야 한다면 어느 누가 진정으로 그런 삶을 살고 싶을까? 스미스의 대답은 이렇다. 우리는 자신이 가치 있는 존재라는 것을 알 때 '기쁨'을 느낄 뿐만 아니라 실은 이때 '최고의 기쁨'을 얻는다는 것이다.

이것은 스미스의 역설이다. 우리는 자신의 이익을 희생할 때 더 깊은 차원에서 자신의 이익을 실현한다. 달리 말하면, 익숙한 즐거움을 포기하고 고통스러운 일을 할 때 최고의 기쁨을 경험한다. 여기서 희생된 즐거움과 이익은 아주 많은 사람들이 삶의 원동력으로 삼는 타인의 관심과 인정, 칭찬에서 비롯되는 것이다. 이 즐거움과 이익은 진정으로 지혜로운 사람에게는 별다른 관심사가 되지 못한다. 심지어 스미스는 "칭찬받기에 합당한 행동을 했다 해도 칭찬에 너무 연연하는 것은 위대한 지혜자의 모습이 아니라 오히려 연약함을 보여주는 것이다"라고 말한다.

지혜와 미덕에 진정으로 헌신하는 삶을 사는 사람을 이끄는 것은 타인에게 존경과 인정, 보상을 받고자하는 욕구가 아니다. 스미스도 이것을 분명하게 밝힌다. 이 장의 인용문에서 보듯이 지혜와 미덕의 사람이 내리는 결단은 설령 아무도 자기 행동을 칭찬하지 않는다는 것을 안다 해도 위축되지 않는다. 나아가 가장 고상한 지혜와 미덕을 갖춘 사람은 혹시 있을 수 있는 사람들의 악의와 배은망덕의 위험에도 결코 자비로운 마음을 포기하거나 낙심하지 않는다.

14장 끝부분에서 우리는 스미스의 사상에서 보답에 대한 바람 없이 사랑을 할 가능성이 있는지 궁금해했는데 여기에서 그 대답이 제시된다. 지혜와 미덕의 사람은 보답을 바라지 않고 일하고, 보답으로 사랑을 받을 수 없다는 것을 알고도 사랑한다. 왜 그럴까? 무엇이 그런 삶을 살게 할까? 항상 타인을 위해 일하고, 그러는 내내 아무도 그런 삶을 사는 자신을 인정하지 않는다는 것을 알아도 자신을 결코 높이지 않는 삶을 사는 이유는 무엇일까?

스미스의 대답은 그런 사람은 타인의 인정보다는 스스로의 인정에 더 마음을 두기 때문이라는 것이다. 그에 따르면, "지혜와 미덕의 사람이 오직 자기 인정에만 관심을 갖는 것은 아니지만, 이것이 주된 관심사임에는 틀림없다. 왜냐하면 지혜와 미덕의 사람은 그런 삶 자체를 사랑하는 사람, 곧 미덕을 사랑하는 사람이기 때문이다."

이렇게 생각하면 이해가 될 것이다. 삶 전체를 완전성을 이해하는 데 헌신한 사람은 완전성에 대해 생각해본 적이 없는 사람들의 칭찬에 큰 기쁨을 느끼지 못할 것이다. 마찬가지로 그런 부류의 사람들이 대놓고 그를 비판한다 해도 크게 상심하지 않을 것이다. 그래서 스미스는 "비록 세상의 오해와 왜곡이 있다 해도 자기 인정을 통해 스스로 자신이 칭찬과 인정을 받을 만한 대상이라고 확신한다면, 우리는 세상의 박수갈채에 좀 더 무심할 수 있고, 어느 정도는 세상의 비난을 가볍게 넘길 수 있다"라고 말한다.

지혜와 미덕의 삶은 이익과 기쁨을 포기한 삶처럼 보이기 때문에 많은 사람들에게 기회를 놓친 것 같은 인상을 줄 수도 있다. 많은 사람들이 겉모습만으로 판단하기 때문이다. 하지만 만약 우리가 지혜롭고 덕 있는 사람들을 깊이 들여다볼 수 있다면, 그들이 삶을 통해 기쁨과 자부심은 물론 우리 모두가 원하는 불안으로부터의 해방과 평온을 누리는 것을 알게 될 것이라고 스미스는 생각한다. 그는 불행과 비참은 완전한 자기만족으로 가득 찬 마음에 절대 깃들 수 없다고 주장한다.

끝으로 지혜와 미덕을 갖춘 사람의 삶을 가치 있게 만드는 것은 가장 선한 사람들의 가장 깊은 관심사를 만족시키는 것이다. 이런 삶이야말로 인간의 잠재력을 최대한으로 발휘하며 사는 것이다.

오로지 옳고 적합한 행위라는 이유만으로, 비록 존경과 인정을 받지 못한다 해도 존경과 인정을 받기에 합당한 행위라는 이유만으로 이를 실천하는 사람은 인간 본성이 상상할 수 있는 가장 숭고하고 신성한 동기에서 행동한다.(『도덕감정론』)

"우리는 자신이
가치 있는 존재라는 것을 알 때
'최고의 기쁨'을 얻는다."

소크라테스

| 지혜를 갖추되 미덕을 갖추지 못하였을 때

"가장 숭고한 사색을 하는 철학자라 해도 아주 작은 실천의 의무
를 도외시하는 데 타당한 구실은 없다."

_ 「도덕감정론」, 6부, 2편

즉, 지혜와 미덕을 모두 갖춘 사람이 되려면
지혜로운 것만으로는 충분하지 않다.

25장의 결론에서 스미스는 '인간 본성이 상상할 수 있는 가장 숭고하고 신성한 동기'를 언급할 때 놀라운 단어를 사용했다. 오늘날 우리는 최고 수준의 인간에 대해 말할 때 일반적으로 '숭고하고 신성한'이라는 표현을 사용하지 않는다. 대신 흔히 좋은 사람과 좋은 행동에 대해 언급한다. 하지만 '숭고하고 신성한'과 같은 표현은 선에 대해 전혀 다른 사고방식을 보여준다. 즉, 우리가 이 땅에서 경험하고 묘사하는 평범한 선을 초월하는 지평을 열어준다.

사람들이 이런 종류의 언어, 곧 초월적인 언어를 사용하는 것을 보려면 오늘날 우리가 통상 그렇게 이해하듯이 철학 너머를 보아야 한다. 초월의 언어는 대개 오늘날의 많은 철학자들을 불편하게 만든다. 이것은 종교의 언어이며, 어느 정도는 전근대적이고 비서구적인 철학의 언어이다.

하지만 스미스는 흥미롭게도 그의 윤리학에서 가장 훌륭한 인물인 지혜와 미덕을 갖춘 사람을 묘사할 때 아무런 거리낌도 없이 이런 언어를 사용한다. 이것은 몇 가지 질문을 낳는다. 무엇보다도, 스미스가 말한 지혜와 미덕을 갖춘 사람과, 인간적 탁월함의 범위를 초월하는 것으로 간주되는 최고의 인물들과 정확히 어떤 차이점이 있을까?

이런 면에서 특별히 두 사람이 떠오른다. 스미스의 친구인 벤저민 프랭클린이 '도덕적 완전성의 성취라는 대담하고 힘든 과제'를 달성하는 놀라운 방법에 대해 언급하면서 사례로 든 유명한 사람들이기도 하다. 프랭클린이 이때 언급한 열세 가지의 미덕 목록 중 마지막 미덕은 겸손인데, 여기에 '예수와 소크라테스를 모방하라'라는 수칙을 추가했다.

프랭클린의 간곡한 권고에 대해 다루어야 할 내용이 많겠지만, 여기서는 한 가지 질문만 하고자 한다. 스미스가 탁월함에 대한 초월적인 모범으로 제시한 지혜와 미덕을 갖춘 사람과, 초월적인 탁월한 삶을 보여준 사람으로서 서구 전통에서 가장 손꼽히는 예수와 소크라테스를 어떻게 비교할 수 있을까?

소크라테스부터 시작해보자. 소크라테스는 가능한 최고의 삶을 사는 데 관심이 있는 지성인들이 인격수양을 목표로 할 때 오랫동안 핵심적인 기준 역할을 했다. 소크라테스는 『도덕감정론』에서 실제로 자주 부각되는(적어도 드물지 않게 등장하는) 중요한 인물이다. 대개 스미스는 지혜와 미덕을 갖춘 사람의 수준과 비슷한 탁월함을 나타내기 위해 소크라테스를 언급한다. 무엇보다도, 그는 죽음에 대한 소크라테스의 태도에서 이런 탁월함을 분명히 본다.

죽음은 실제로 『도덕감정론』에서 매우 중요한 주제이다. 어떤 의미에서 분명히 인생 지침서의 역할을 하는 이 책에 걸맞은 주제가 아닌가. 『도덕감정론』의 서두에서 스미스는 죽음에 대한 두려움이 우리의 삶에 얼마나 큰 영향을 미치는지 강조한다. 가령 4쪽에는 이렇게 적혀 있다. "태양빛을 빼앗기고, 삶과 대화가 단절되고, 차가운 무덤 속에 누워 부패되고 땅속 벌레들의 먹이가 되는 것은 비참하다." 다음 페이지에서는 이런 죽음에 대한 두려움이 인간의 행복에 치명적인 독이며 우리가 살아 있는 동안에도 우리를 불행하게 만든다고 썼다. 스미스는 나중에 같은 주제를 다시 다루면서 죽음을 '공포의 왕'이라고 부르고, 죽음의 공포를 극복한 사람은 어떤 다른 자연적인 악에 직면해서도 분별력을 잃지 않을 것이라고 했다.

스미스가 잘 알았듯이, 소크라테스는 유한한 인간이 어떻게 죽음의 공포를 초월할 수 있는지 보여주는 대표적인 예시로 오랫동안 칭송받았다. 『도덕감정론』에서 스미스는 아테네 배심원의 사형판결을 받은 뒤 태연히 독미나리 독이 든 잔을 마실 준비를 하는 유명한 이미지를 반복적으로 언급한다. 그는 소크라테스를 '영웅적 관대함'의 모델로 제시하며, 마지막 독배를 마실 때 친구들이 모두 우는 와중에도 소크라테스는 어떻게 밝고 쾌활한 평온을 보여주었는지 묘사한다. 또 우리에게 소크라테스의 이 눈부신 모습을 보라고 요청하면서 적들이 그를 침대에서 조용히 죽게 했다면 그는 시대를 초월한 '영광'을 누리지 못했을 것이라고 말한다. 다른 곳에서는 소크라테스를 용기의 모범 사례로 제시하며, 의롭지 못한 동료 시민들이 내린 사형선고를 담담히 받아들일 수 있는 보기 드문 사람 중 하나라고 분류한다.

이 모든 예에서 소크라테스는 스미스가 설명한 지혜와 미덕을 갖춘 사람임을 보여준다. 지혜와 미덕의 사람과 마찬가지로, 소크라테스는 가장 강력하고 통제하기 힘든 이기적 감정을 다스리기 위해 자기 통제라는 끔찍한 미덕을 발휘할 수 있다. 하지만 소크라테스는 무엇 때문에 이런 정도의 자기 통제를 발휘할 수 있었을까? 그를 찬미하는 이들은 오래전부터 죽음 앞에서 보여준 소크라테스의 용기를 철학에 대한 그의 헌신과 분리할 수 없다고 생각했다. 몽테뉴의 유명한 연구에 따르면, 소크라테스의 방식으로 철학한다는 것은 다름 아닌 죽는 방법을 배우는 것이다.

하지만 스미스는 소크라테스의 찬미자들과 다른 길을 간다. 소크라테스의 자기 통제는 감탄할 만한 것이지만, 철학에 대한 그의 접근방식이 스미스를 힘들게 한다. 간단히 말하자면, 소크라테스의 철학이 그를 죽음의 공포에서 벗어나게 했지만 다른 종류의 이기적 관심사로부터 해방시키진 못했다. 특히 이 시점에서 우리가 탐색하는 핵심 주제인 타인의 관심에 대한 욕구를 포함하는 것이다.

이런 맥락에서 스미스는 소크라테스와 알렉산더 대왕, 율리우스 카이사르를 함께 묶어 이 세 사람을 '과도한 자기 예찬'의 사례로 본다. 스미스는 소크라테스를 이렇게 비난한다. "추종자와 제자들의 존경과 찬사 속에서, 수많은 대중의 박수갈채 속에서, 소크라테스의 위대한 지혜조차도 자신이 보이지 않는 신적 존재로부터 은밀한 암시를 받는다는 허황된 생각을 제대로 막지 못했다."

플라톤과 다른 고대 저자들을 통해 알고 있는 것을 토대로 볼 때, 스미스가 소크라테스를 비난하는 것이 전적으로 공정한지 확신할 수는 없다. 플라톤이 분명히 밝히듯이, 소크라테스가 자주 다이몬(daemon, 그리스신화에 나오는 반신반인의 존재로 오늘날 종종 수호천사로 불리는 존재의 이교도 버전 ―옮긴이)과 대화를 했다는 스미스의 지적은 옳다. 하지만 플라톤이 묘사한 바에 따르면, 소크라테스는 수많은 추종자에 의존하여 자존감을 높이는 아첨꾼도 아니고 열렬한 지지자에게 미혹당한 것도 아니다. 그렇다면 소크라테스에 대한 온전한 진실을 알기 위해 스미스 외에 다른 자료를 살펴보는 것이 더 나을 수도 있다. 하지만 소크라테스에 대한 스미스의 비판은 우리가 살펴볼 삶의 핵심과제에 중요한 빛을 던져준다.

소크라테스에 대한 스미스의 비난은 매우 특별하다. 우리가 사용하는 범주에서 볼 때, 소크라테스는 신성한 사람들과, 신과 소통하고 있다고 스스로 믿는 사람들을 구분하는 경계선을 넘는다. 어떤 면에서 보면 소크라테스의 지혜, 곧 철학의 산물은 그를 다른 사람들보다 높은, 신과 같은 수준으로 올려놓는다. 이것은 스미스가 강조한 지혜와 미덕의 사람이 결코 잊지 말아야 할 인식, 자신이 많은 사람들 중 한 사람에 지나지 않으며 다른 사람보다 더 나을 것이 없다는 인식과 정반대이다. 또한 현명하고 덕 있는 사람의 행동 방식과도 상반된다.

앞서 보았듯이 지혜와 미덕을 갖춘다는 것은 우리를 미덕에서 분리시키거나 미덕을 없애는 것이 아니라 지혜가 미덕에 좋은 영향을 미치게 하는 방식으로 살아가는 것이다. 소크라테스는 분명히 '가장 숭고한 사색'을 할 수 있었다. 하지만 스미스는 "자연은 우리에게 이 숭고한 사색을 우리 삶의 큰 과업이자 소일거리로 정하지 않았다"라고 확신한다. 그와 반대로(그리고 3장에서 보듯이), 스미스는 자연이 우리를 행동하도록 만들었다고 생각한다. 따라서 철학자들이 비록 지혜롭다고 해도, 그들의 숭고한 사색이 그들을 자연이 인간에게 부과한 '실천의 의무'에서 멀어지게 한다면 지혜와 미덕을 동시에 갖춘 자로 볼 수 없다.

예수

| 이기심이 아닌 타인에 대한 관심으로 신을 찾을 때

"내세에 대한 우리의 신념은 우리의 연약함, 인간 본성에서 비롯되는 소망과 두려움에 의해 형성될 뿐 아니라, 아울러 인간 본성에 깃든 가장 고결한 최고의 원리인 미덕에 대한 사랑과 사악함과 불의에 대한 혐오에 의해 형성된다."

_ 「도덕감정론」, 3부, 5장

즉, 미덕에 대한 사랑은 우리를 종교적 신념으로 인도하지, 멀어지게 하지 않는다.

앞서 보았듯이, 지혜와 미덕의 인간은 많은 측면에서 소크라테스와 비슷하다. 하지만 소크라테스와 전적으로 일치하진 않는다. 지혜와 미덕의 사람은 소크라테스의 자기 통제를 공유하지만, 미덕에 대한 열정 덕분에 사색에 모든 것을 바치는 철학적 삶을 살지 않기 때문이다. 그렇다면 벤저민 프랭클린이 또 다른 모범적인 삶의 예로 제시한 예수의 삶은 어떨까?

『도덕감정론』에서 종종 등장하는 소크라테스와 달리, 예수는 한 번도 언급되지 않는다. 하지만 예수의 이름으로 창시된 기독교는 『도덕감정론』에서 내 계산으로 세 번 언급된다. 흥미롭게도, 스미스는 기독교를 언급할 때마다 사랑의 개념에 초점을 맞춘다. 이 사실은 사랑에 대한 스미스 자신의 많은 관심과 함께 최고의 삶에 관심이 있는 우리에게 종교가 이런 삶에 어떻게 연결되어 있는지 궁금증을 불러일으킨다.

어떤 사람들은 이 질문에 대한 스미스의 대답에 놀랄지도 모른다. 물론 스미스는 계몽주의 운동의 선구적인 사상가였다. 아울러 계몽주의는 오랫동안 종교에 적대적인 것으로 간주되었다. 하지만 계몽주의 운동에 대한 이런 시각은 종교와 계몽주의 운동의 관련성을 조명하는 최근의 연구들 덕분에 많은 면에서 새롭게 인식되고 있다. 이들은 종교적 정통주의와 계몽주의 철학을 화해할 수 없는 적대 관계로 보는 오래된 시각의 오류를 폭로하고 재검토하고 있다.

이것을 언급하는 이유는 학자들 역시 종교에 대한 스미스의 관점을 다시 생각하고 있기 때문이다. 오랫동안 스미스는 종교 문제에 대해 그의 친구이자 당대에는 철학자로, 우리 시대에는 이단으로 유명한 데이비드 흄의 입장을 따른다고 추정되었다. 흄은 종교적 신념이 인간 본성의 가장 소심하고 이기적인 부분, 특히 여러 가지 소망과 두려움에서 기원한다고 주장한 것으로 유명하다. 하지만 이 장의 인용문은 스미스가 종교에 대해 매우 다른 시각을 가졌음을 보여준다. 이 인용문은 종교에 대한 흄의 시각을 거부한다. 흄이 종교적 신념의 기원을 우리 안의 가장 좋지 않은 것에서 찾은 반면, 스미스는 대조적으로 인간 본성에 깃든 가장 고결한 최고의 원리인 '미덕에 대한 사랑'에 의해 종교적 신념을 갖게 된다고 말한다.

이것은 대단한 주장이다. 여기에는 몇 가지 중요한 주장이 포함되어 있다. 잠시 그 내용을 살펴보는 것이 적절할 것이다. 첫째, 스미스는 여기서 종교와 인간 본성에 대한 자기 생각을 밝히고 있다. 최대한 간략히 말하면, 종교는 우리에게 자연스러운 것으로, 높은 곳에서 우리에게 강요한 낯선 정신적 구조물이 아니라 우리가 만들어진 방식에서 비롯되고, 또 그것에 알맞은 신념의 형태라는 것이다.

이 장의 인용문이 나오는 장의 말미에서 스미스는 이른바 '종교의 자연스러운 원리'에 대해 설명한다. 이 구절은 오랫동안 나를 매료시켰다. 하지만 여기서는 스미스가 우리에게 자연스러운 종교적 원리들이 있다고 보았다는 점, 그중 가장 중요한 것은 '내세의 삶에 대한 겸손한 소망과 기대'로, 이는 '인간 본성에 깊이 박혀 있는 소망과 기대'이며 오직 이것만이 인간 본성의 존엄이라는 고귀한 사상을 뒷받침할 수 있다고 생각했다는 점만 언급하고 싶다.

둘째, 스미스는 우리에게 자연스러운 종교적 원리를 부여하는 인간 본성이 '가장 고결한 최고의 부분'이라고 말한다. 흄의 시대부터 지금까지 종교에 비판적인 이들은 대개 종교인들이 공포나 두려움, 또는 불안과 염려 때문에 신앙을 갖는다고 주장한다. 하지만 스미스는 많은 사람이 다른 경로로 종교를 갖게 된다고 생각한다. 그들은 두려움이나 불안을 달랠 수 있는 무언가를 원해서 믿는 것이 아니다. 그가 말하듯이, 그들은 '무고한 자의 고통에 슬픔과 동정을 느끼기 때문에' 믿는다. 이 책의 용어로 표현하자면, 이기심에서가 아니라 타인에 대한 관심 때문에 믿는 것이다. 구체적으로 타인에 대한 관심, 특히 악하고 불의한 자들에게 고통당하는 무고한 타인에 대한 관심이 우리로 하여금 신이 마침내 정의를 세워주길 바라며 자연스럽게 하늘에 호소하게 만든다.

이것은 종교에 대한 스미스의 관점의 세 번째 핵심 내용으로 이어진다. 비록 이 장에서 '종교'와 '종교적 신념'이란 표현을 사용하고 있지만, 여기서 최대한 정확히 할 필요가 있다. 사실 스미스는 종교라는 주제에 적절하게 포함되는 모든 현상에 대해 말하고 있지 않다. 스미스에게 신학 자체는 거의 찾아볼 수 없고, 이를테면 종교 의식이나 수행에 대해서도 별로 언급하지 않는다. 그가 설명하는 종교적 신념의 범위 역시 그렇다. 스미스에게 정말 중요한 한 가지 신념은 사후세계에서 불의한 자들을 처벌하시는 전능한 신에 대한 신념이다. 이것은 신앙인들이 신앙을 고백할 때 생각하는 많은 내용 중 하나일 뿐이다. 그러나 스미스에게는 가장 중요한 신념이며,

아마 유일하게 중요한 신념일 것이다. 이는 그가 어느 정도로 종교를 도덕성의 관점으로만 바라보는지 보여주는 것이다.

어쨌든, 미덕에 대한 사랑 때문에 종교적 신념을 갖게 된다는 스미스의 주장은 그가 미덕의 삶에 종교가 차지할 장소가 있다고 생각했음을 보여준다. 이것은 그가 종교와 철학 사이의 긴장감을 강조하는 사고방식에서 벗어나 있음을 입증한다. 나의 전공인 정치철학 분야에서 이런 긴장은 때로 '아테네와 예루살렘 간의 긴장'으로 묘사된다. 아테네와 예루살렘은 선 자체, 그리고 선에 대한 인식론의 관점에 있어 상반되는 양측을 대조적으로 표현할 때 사용하는 말로, 하나는 이성과 철학, 다른 하나는 계시와 신앙을 나타낸다. 나는 여기에서 이 논쟁을 벌일 생각은 없다. 다만, 스미스가 어느 정도로 지혜와 미덕의 사람을 하나의 대안으로 고려하는지 제대로 이해하는 데 도움이 된다면 논의해볼 만한 가치가 있다고 본다.

흄

자기 통제와 자비심을 함께 갖춘 지혜와 미덕의 삶

"나는 그가 살아 있을 때는 물론 세상을 떠난 지금도, 그가 인간의 연약한 본성이 허용하는 한에서 완전한 지혜와 미덕을 갖춘 사람에 거의 근접했다고 생각한다."

_ 애덤 스미스의 서신

즉, 우리는 결점이 있고 연약하지만 높은 뜻을 품을 수 있으며, 흄의 사례가 그 방법을 보여준다.

앞서 보았듯이, 지혜롭고 덕 있는 사람은 완전성을 목표로 삼는다. 완전성은 스미스에게 추상적인 개념일 수밖에 없다. 실제 인간은 너무나 결점이 많아 완전성에 이를 수 없기 때문이다. 하지만 그렇다고 해서 우리가 그것에 근접할 수 없다는 뜻은 아니다. 스미스는 현실의 인간 중 일부는 완전성에 거의 근접했다고 생각한다. 그중 가장 두드러진 사람이 바로 그의 친구 데이비드 흄이다.

흄은 『국부론』이 출간된 지 불과 몇 달 후, 그리고 미국 독립선언서가 서명된 지 몇 주 후인 1776년 8월에 죽었다. 당시 많은 사람이 이 공개적인 무신론자가 사후의 삶에 대한 믿음 없이 어떻게 죽음을 맞이하는지 알고 싶어 했기 때문에 흄의 죽음은 대중적인 관심을 끄는 사건이었다.

흄이 사망할 무렵 스미스는 직접 친구를 칭송하는 추모글을 써서 발표했는데, 이것은 흄과 스미스의 친구이자 출판업자인 윌리엄

스트러핸William Strahan에게 보내는 편지 형식이었다. 거기에서 스미스는 마지막 며칠 동안의 흄의 마음 상태를 자세히 기록했다. 이 장의 인용문은 이 편지의 마지막 구절이다.

스미스의 편지는 결국 그에게 엄청난 슬픔을 안겨주었다. 신앙심이 없는 자로 널리 알려진 친구를 옹호하는 행동은 자기 자신을 신앙 옹호자들의 분노에 내맡기는 것이었다. 스미스는 이 분노를 분명히 느꼈다. 그는 나중에 다른 유명한 구절에서 이 편지에 대해 이렇게 썼다. "내 친구 흄의 죽음에 대해 쓴 단 한 편의 글, 내 생각에 아무 잘못도 없는 이 글 때문에 내가 대영제국의 상업체제 전체에 가한 매우 격렬한 공격보다 열 배는 더 많은 공격을 받았다."

하지만 스미스는 종교 문제에 관한 공식적인 의견을 말할 때 결코 순진하지 않았다. 어떤 사람들은 그가 편지를 쓸 때 자신이 어떤 상황에 닥칠지 충분히 알았으리라고 추측한다. 그는 왜 그렇게 했을까? 한 가지 대답은 스미스가 지혜와 미덕에 대해 무언가를 우리에게 가르쳐주고자 했다는 것이다. 사실, 편지에는 지혜와 미덕에 관한 많은 교훈이 명시적으로나 암묵적으로 제시되어 있다.

무엇보다도, 스미스 당대부터 오늘날에 이르기까지 긴 세월 동안 사람들이 짐작해왔듯이(그리고 이 편지에 대한 논의에서 빠짐없이 언급되듯이), 이 장에서 주목하는 구절은 소크라테스의 마지막 며칠을 자세히 기술한 플라톤의『파이돈』의 마지막 구절을 상기시키려는 의도가 분명히 보인다. 이미 26장에서 보았듯이, 스미스는 죽음에 대한 소크라테스의 태도에 관심이 있었기 때문에『파이돈』과 그 주제에도 관심을 두었을 것이다. 소크라테스와 죽음에 대한 그의 태도에 보내는 플라톤의 찬사를 흄과 죽음에 대한 그의 태도에 적용함으로써 스미스는 분명히 자신의 친구를 근대의 소크라테스로 바라보려고 했다.

하지만 스미스가 의도한 것은 이것이 전부가 아니었다. 그에게 흄은 단순히 소크라테스와 비슷한 철학자가 아니다. 편지의 마지막 구절이 보여주듯이, 흄은 단지 철학자가 아니라 '지혜와 미덕의 인간'이었다. 이 부분이 우리의 과제에 중요한 의미가 있다.

소크라테스를 흄으로 대체함으로써 스미스는 철학자의 탁월함을 지혜와 미덕을 지닌 인간의 탁월함으로 대체하려고 한다. 지혜와 미덕을 지닌 사람은 자신의 탁월함을 구현할 뿐만 아니라 거기에 지혜와 미덕을 지닌 사람에게만 특별히 존재하는 새로운 탁월함을 추가함으로써 철학자의 탁월함을 능가한다. 스미스는 편지에서 흄이 이것을 어떻게 실천했는지 분명하게 밝힌다.

스미스는 편지에서 지혜와 미덕의 사람에 대한 흄의 성취가 끔찍한 미덕과 호의적인 미덕의 통합에 달려 있음을 보여준다. 그는 흄을 묘사할 때 끔찍한 미덕을 특별히 강조한다. 스미스는 흄이 '무척 쾌활하고 만족해하는 수용적인 태도'로 죽음을 받아들인 것에 주목했다. 그는 흄의 수용적 자세가 '담대함과 단호함'에 의해 가능했으며, 흄이 결코 자신의 담대함을 과장하려고 꾸미지 않았다고 했다. 이어서 그는 흄의 주치의 조셉 블랙의 말을 인용하여 담대한 자기 통제의 가치를 강조한다. 조셉 블랙은 흄의 마지막 모습을 이렇게 기술했다. "전혀 불안해하지 않았으며, 죽을 때 어떤 것과도 비교할 수 없이 행복하고 침착한 모습이었다." 스미스는 특히 흄의 '쾌활함'을 짧은 편지에서 최소한 일곱 번이나 사용하면서 강조했다.

흄을 추모하는 편지를 통해 스미스는 우리 과제의 몇 가지 핵심 주제를 자기 통제의 고귀함, 평온과 행복의 관계, 칭찬보다는 칭찬받기에 합당한 가치의 우월성으로 정리한다. 하지만 이 모든 것에도 불구하고 흄의 진정한 위대함, 그리고 지혜와 미덕에 대한 스미스의 핵심 주장은 다른 곳에 있다.

스미스가 보기에 흄에게 특히 감탄할 만한 점은 끔찍한 미덕과 호의적인 미덕을 통합해냈다는 것이다. 이런 맥락에서 스미스는 흄에 대해 "엄격하게 검소한 생활을 해온 사람으로, 재산이 거의 바닥났을 때조차도 적절한 때마다 다른 사람에게 자선과 아량을 베풀었다"라고 언급한다. 아울러 스미스는 흄의 "본성은 극히 온화했지만 정신의 확고함이나 결심의 견고함은 결코 약화되지 않았다"라고 썼다. 여기서 요점은 흄이 중요한 미덕들을 통합하여 '적절한 균형'이 잡힌 인격을 성취했다는 것이다.

이를 감안할 때, 우리는 스미스가 종교 문제에 대한 평판에도 불구하고 흄을 공개적으로 칭찬하는 위험을 감수한 이유를 이해할 수 있다. 스미스의 손을 통해 흄은 철학적 탁월함뿐 아니라, 자기 통제와 관용이라는 끔찍한 미덕과 자선과 너그러움과 같은 호의적인 미덕을 한 인격에 통합한 지혜와 미덕을 지닌 사람의 탁월함을 보여주는 모델이 된다. 이런 사람의 생활방식은 자신과 타인에게 모두 유익하다.

하지만 그럼에도 여전히 해결되지 않은 문제가 있다. 스미스는 적어도 일부 사람들에게서 무신론자라고 비판 받던 사람을 자청하여 옹호했다. 이것이 스미스 자신의 신앙에 대해 시사하는 바는 무엇일까?

많은 이들이 스미스의 편지를 흄과 흄의 신앙, 특히 흄의 종교적 이단성을 지지하는 것으로 이해했다. 그들의 우정에 대한 가장 완벽한 연구에 따르면, 스미스가 흄을 칭찬한 것은 '경건한 사람들에 대한 의도적인 도전으로 읽힐 수밖에 없는 것'으로 이해되었다. 하지만 편지를 다른 방식으로도 읽을 수 있다. 분명히 스미스는 흄의 인격 때문에 그를 칭찬했다. 그렇지만 어떤 사람의 인격을 칭찬하는 것은 그의 사상을 찬성하는 것과 동일한 맥락은 아니다.

요즘에는 보통 이것을 구분하기가 쉽지 않다. 우리 시대에는 의견이 흔히 가치를 대체하는 것으로 간주되고, 다른 의견(특히 정치적 의견) 표명은 다른 가치를 지지하는 증거로 받아들여진다. 우리는 중요하다고 생각하는 사안에 대해 의견을 달리하는 사람들을 피하고, 소셜미디어에서 그들을 차단하고 친구 명단에서 삭제하고, 일상생활에서 그들을 멀리한다. 하지만 계몽주의 시대를 살았고, 개인적으로는 존경과 관용의 이상에 헌신했던 스미스는 더 관대한 시각을 갖고 있었다.

결론적으로, 내 생각에 스미스와 흄은 종교에 대해 서로 생각이 달랐다. 그렇지만 스미스는 종교에 대한 흄의 생각과 흄의 인격이 보여준 미덕들을 분리할 수 있었고, 이 때문에 친구의 의견 중 일부가 설령 자신을 주저하게 만들어도 친구의 인격에 대해서는 충분히 감탄하고 칭찬할 수 있었다. 즉, 스미스는 오늘날 대다수 사람이 하기 힘들어하는 일을 할 수 있었다. 서로의 유대를 깨뜨릴 수 있는 실제적인 불일치가 있음에도 서로 공감하는 내용에 대해서는 어떤 것이든 칭찬하는 행동 말이다.

흄에 대한 스미스의 편지는 오늘날 점점 보기 힘든 칭찬과 존경의 사례를 보여준다. 그리고 편지에 등장하는 인물 못지않게 편지를 쓴 사람으로부터 지혜와 미덕에 대해 많은 것을 배울 수 있음도 보여준다.

신

| 모든 사람의 행복을 추구하는 우주의 섭리

"주의 깊게 살펴보면 창조자의 섭리가 자연의 모든 부분을 공평하게 돌보고 있음을 알 수 있다. 우리는 인간의 연약함과 어리석음에도 불구하고 신의 지혜와 선하심에 감탄한다."

_ 『도덕감정론』, 2부, 3편, 3장

즉, 신의 지혜와 선하심은
사람의 지혜와 미덕을 초월한다.

삶의 도전과제에 대한 우리의 탐구는 지혜와 미덕을 지닌 인간의 삶으로 이어졌다. 하지만 인간의 지혜와 미덕 너머에 스미스가 말한 '신의 지혜와 선하심'이 있다. 신의 지혜와 선하심과 비교할 때 인간의 지혜와 미덕은 인간의 연약함과 어리석음에 비해 그다지 뚜렷하게 드러나지 않는다. 스미스가 하듯이 사람을 신 옆에 놓으면 가장 뛰어난 사람조차도 절대적인 완전성에서 얼마나 멀리 떨어져 있는지 알게 된다.

하지만 이렇게 놓고 보니 한 가지 질문이 제기된다. 지혜와 미덕을 지닌 사람과 지혜롭고 선한 신의 적절한 관계는 어떤 것일까? 스미스는 인간의 과업 중 하나가 이 관계를 제대로 이해하는 것이라고 했다. 이것은 지혜와 미덕을 갖춘 사람이 성취해야 할 가장 어려운 일 중 하나일 것이다. 우리 역시 이에 대해 간략하게나마 숙고하지 않고는 스미스의 인생철학에 대한 탐구를 마무리할 수 없다.

그렇다면 신은 누구이며, 신이 우리 삶에서 하는 역할은 무엇일까? 물론 이 질문에 제대로 대답하려면 신학자가 필요하겠지만 스미스는 신학자가 아니다. 신의 현존 또는 존재에 대한 논의는 차치하고, 신에 대한 인간의 생각을 제대로 이해하려면 인식론 학자가 필요한데 스미스는 인식론 학자도 아니다. 하지만 스미스는 우리의 생각과 인식, 우리의 도덕적 감정과 행동 사이의 상호작용을 연구하는 학문인 도덕심리학의 진지한 학도이며, 바로 이런 관점에서 신에 대한 사고를 바라본다.

이 맥락에서 스미스는 우리에게 말하길, "신의 자비와 지혜는 창세전부터 우주라는 광대한 장치를 고안하고 운행하고 있으며, 가능한 최대한의 행복을 끊임없이 만들고 있다"라고 하였다. 그리고 신적 존재에 대한 생각은 확실히 지금까지 인간의 모든 사색 중 가장 고귀한 것이라고 강조했다. 여러 곳에서 이미 언급했듯이, 사색은 고귀한 것이지만 인간 활동의 유일한 목적이 아니다. 알다시피 우리는 행동하도록 창조되었다. 신에 대한 이런 주장을 통해 스미스는 신에 대한 특정한 생각이 도덕적 행동을 촉진할 수 있다고 제안한다.

적어도 두 가지 이유에서 그렇다. 첫째, 우리가 신에 대해 특정한 생각을 하면 흔히 칭찬을 받거나 비난을 회피하려는 단순한 의도보다는 칭찬을 받거나 비난을 받지 않기 위한 정당한 자격을 갖추려는 의도에서 행동하도록 돕는다. 앞에서 스미스는 이 과정에서 필수적인 존재가 공정한 관찰자라고 생각했다. 지혜와 미덕을 갖춘 사람은 실제 관찰자들의 칭찬과 비난보다는 공정한 관찰자의 판단에 더 신경을 쓴다. 알다시피, 실제 관찰자들은 보통 불완전한 존재들이고, 공정한 관찰자들은 그들보다 더 낫다.

하지만 공정한 관찰자도 신만이 할 수 있는 완전한 판단을 불완전하게 대신할 뿐이다. 이것은 종교인들이 세상 사람들에 의해 오해 받고 있다고 여기는 이유를 부분적으로 설명해준다. 종교만이 그들에게 이렇게 말할 수 있기 때문이다. "사람들이 너희 행위에 대해 생각하는 것은 중요하지 않고, 모든 것을 꿰뚫어 보시는 세상의 심판자가 너희 행위를 인정해줄 것이다."

신이 모든 것을 꿰뚫어 보시는 세상의 심판자라는 생각은 세상의 반감에 직면할 때 도덕적으로 행동하려는 용기와 결의를 강화하는 데 도움이 된다. 하지만 스미스에게 신은 세상의 심판자일 뿐만 아니라 세상의 창조자요 통치자이다. 창세전부터 우주라는 광대한 장치를 고안하고 운행하는 존재가 아닌가.

스미스의 이 주장은 고대 스토아학파의 주장을 따른 것이다. 그가 언급하듯이 스토아학파는 세상을 지혜롭고 강력하며 선한 신의 통치 섭리에 의해 다스려지는 곳으로 이해했으며, 인간의 악함과 어리석음이 인간의 지혜와 미덕과 마찬가지로 필수적인 역할을 한다고 보았다.

스토아학파의 가르침에 따르면, 지혜로운 자는 우주라는 장치의 광대함과 복잡함에 경외심을 품은 채 인간 생활의 모든 일을 인도하는 자비로운 지혜 앞에 겸손하게 굴복해야 한다. 스미스도 같은 생각일까? 스미스가 스토아주의자인지에 대해 많은 논의가 있었지만, 여기서 이 논쟁 전체를 판단할 수는 없다. 그 대신 스미스의 인생철학에 대한 탐구를 마무리하면서 스토아학파에 동의하는 한 가지 내용을 언급하고자 한다.

스미스에 따르면, 스토아학파는 '신의 섭리로 움직이는 선한 세상에서 인간은 지혜를 통해 자신의 위치를 제대로 이해할 수 있다'고 가르친다. 또한 지혜는 우리 자신의 행동을 통해 세상의 질서와 선에 기여하고 싶다는 마음을 갖게 한다. 이것은 스미스의 주장이기도 하다. "우리가 도덕적 능력에 따라 행동하는 것은 인간의 행복을 촉진하는 가장 효과적인 수단을 추구하는 것이다. 나아가 어떤 의미에서 신성한 존재와 협력하여 우리의 힘이 미치는 최대한으로 우주적 섭리의 계획을 이루어가는 것이라고 말할 수 있다."

우리가 선을 추구하는 목적은 단순히 우리 자신의 행복만을 추구하는 것이 아니라 모든 사람의 행복을 촉진하는 것이며, 그리고 이 땅에서 신의 뜻을 실행하는 것이다.

지혜와 미덕의 삶으로 나아가는 출발점

지금까지 나는 애덤 스미스가 최대한 좋은 삶을 살고자 하는 사람들이 주목할 만한 인생철학자임을 보여주려고 노력했다. 물론 스미스가 이런 주제로 유용하고 적합한 내용을 제시할 수 있는 유일한 사상가는 아니다. 그렇다면 우리가 많은 사상가에게 물려받은 다른 철학적 유산보다 스미스의 인생철학에 더 주목해야 할 이유는 무엇일까? 나는 이에 대해 세 가지 대답을 할 수 있다고 보며, 그 내용을 제시하며 이 책을 마무리하고자 한다.

전통적으로, 좋은 삶의 문제에 관심을 둔 사람들이 참고할 만한 두 가지 길잡이는 종교와 철학이었다. 세계의 위대한 영적, 신앙적 전통은 모두 현명한 삶에 대한 조언을 제공하며 많은 사람이 여기서 의미를 찾는다. 특히 고대 그리스와 로마의 철학자들은 오랫동안 삶을 가치 있게 만드는 것이 무언인지, 삶의 방식에 좋고 나쁨을 판단하는 기준이 무엇인지에 대한 통찰을 제공하는 역할을 했다.

하지만 오늘날 많은 이들은 이러한 전통적 지혜를 수용할 수 없거나, 적어도 이전 세대가 이러한 지혜를 필수적인 닻처럼 여겼던 것과 똑같은 방식으로 받아들일 수 없게 되었다. 앞서 언급했듯이, 오늘날 우리가 사는 시대는 세속화된 세상이다. 요즘도 많은 이들이 신앙의 삶을 살고 있지만, 현대 세계를 이해하는 틀은 더 이상 종교적인 세계관이 아니다. 사람들은 여전히 플라톤, 아리스토텔레스, 스토아학파에 관한 글을 많이 읽는다. 하지만 과학이 발달한 현대사회에서 더 나은 삶과 더 나쁜 삶을 판단하는 데 있어 형이상학적 토대를 적용하기는 어려운 일이다. 결과적으로 오늘날 모든 사람이 이런 전통과 문헌이 제공하는 지혜에 접근할 수 있는 것은 아니다. 이 점은 이와 관련된 사상가와 전통에 대해 가르치고 글을 쓰며 살아가는 교수이자 신앙인인 나도 잘 알고 있다.

이런 점들을 고려할 때, 우리는 삶의 현명한 길잡이를 찾기 위해 이런 전통과 문헌을 넘어 탐색 범위를 확대하는 것이 좋을 것이다. 우리에게 필요한 것은 '우리말을 할 줄 아는' 안내자이다. 즉, 통찰과 조언을 제시하는 역할을 하되 지금의 세계를 형성하는 신념과 범주의 틀 안에서 그렇게 할 수 있는 안내자이다. 이것이 오늘날 스미스가 우리에게 유용한 안내자인 첫 번째 이유이다.

앞서 내가 소개한 그의 사상에서 보듯이, 스미스는 고대와 기독교의 우물에서 자신의 인생철학을 길어 올렸다. 하지만 그는 많은 고대 사상과 기독교적 교훈을 포용하면서도 이런 사상들이 근대 세계에서 계속 살아남으려면 발전할 필요가 있음을 인정했다. 도덕철학자로서 그의 천재적 능력은 바로 이 부분에서 발휘되었고, 우리의 질문에 대한 안내자로서 그가 가치 있는 이유는 바로 현대인이 이해할 수 있는 언어로 지혜를 자세히 설명하는 능력에 있다.

스미스가 오늘날 우리에게 유용한 안내자인 두 번째 이유도 있다. 근대 세계는 기독교 세계였던 중세 유럽이나 이교 세계였던 고대 그리스가 아니다. 이것은 확실한 사실이다. 하지만 이 사실은 근대 세계에서 좋은 삶을 사는 문제에 있어 매우 중요하다. 근대 세계는 이전 세계의 근본적 토대였던 사상이나 신앙에 접근하기 힘들 뿐더러, 좋은 삶을 위한 근대 세계만의 특별한 도전과제들이 새롭게 대두되기 때문이다. 오늘날 좋은 삶을 살려고 노력하는 우리는 고대 그리스 도시국가의 시민들, 또는 인간의 지상 도시와 신의 천상세계와의 큰 차이를 인식한 시민들이 직면한 것과 매우 다른 도전과제에 맞닥뜨린다.

도전과제들은 많고 복잡하지만 앞서 논의한 몇 가지 내용을 상기하면 유용할 것이다. 예를 들면 근대 세계는 자유 시장경제에서 성공의 표지인 부와 재산의 과시적 요소를 중요하게 여긴다. 하지만 모두가 알듯이, 행복에 어느 정도의 부와 재산이 필요한 건 분명하나 일정 수준 이상이 되면 더 소유해도 행복이 비례하여 커지지는 않는다. 마찬가지로, 앞서 스미스가 강조했듯이 세상은 타인의 존중과 인정을 소중하게 여긴다. 이제 우리는 소셜미디어라는 표식 덕분에 더 쉽고, 정확하게 이것을 측정할 수 있다. 하지만 이것 역시 점차 행복으로 이어지지 않는 것 같다. 세상의 많은 이들이 무엇보다 행복이 소중하다고 주장하지만, 정말 흥미롭게도, 열심히 행복을 좇는 사람들을 보면 대체로 놀라울 정도로 자기중심적이고 타인의 행복과 평안에 관심을 두지 않는다.

우리 세계의 이런 특징은 대부분 스미스가 '상업사회'라고 부른 근대 자본주의 사회의 등장과 관련이 있다. 이 책의 목적은 물론 자본주의를 옹호하거나 비판하는 것이 아니다. 그런 일은 다른 사람들이 충분히 했다. 하지만 이미 보았듯이, 스미스는 최하층의 가난한 사람들에게 적절한 물질적 혜택을 준다는 이유로 상업사회를 옹호했고, 적어도 지금까지의 역사는 그가 옳았음을 입증했다. 믿기 어렵겠지만, 지난 200년 동안 세계 빈곤 문제가 현저하게 개선되었다. 2016년 유엔은 열일곱 개의 지속가능한 개발목표 중 첫 번째로 전 세계 극빈자를 2030년까지 완전히 없앤다는 목표를 채택했다.

그동안의 경제적 진보 덕분에 이런 목표를 꿈꿀 수 있게 된 것에 감사하지 않을 수 없다. 하지만 이런 환영할 만한 이득을 얻는 대가로 치른 비용에 눈감아서는 안 된다. 우리가 얻은 이득이 물질적이라면 우리가 치른 비용은 대개 도덕적인 것으로, 다른 무엇보다 이기심, 고립, 불안이 증가했다. 이는 사회적 신뢰와 정치 질서는 물론, 잘 살려는 우리의 노력에 치명적인 영향을 주는 현상이다.

스미스는 상업사회가 발생시키는 혜택과 도전과제에 대해 잘 이해했다. 다행스럽게도, 고도의 전문화시대 이전에 살았던 계몽주의 시대 철학자인 그는 경제학자로서 시장사회의 메커니즘에 대한 이해와 윤리학자로서 시장사회의 도전에 대한 이해를 결합시켰다. 그의 인생철학은 시장사회의 기회와 도전에 대한 탁월한, 그리고 놀라울 정도로 균형 잡힌 이해로부터 형성되었다. 그래서 그는 지혜로운 삶에 대한 다른 안내자들보다 경제학에 있어 이른바 '비교우위'에 있다. 이것이 오늘날 그가 우리에게 유용한 두 번째 이유이다.

스미스는 두 가지 의미에서 근대 세계를 위한 책을 썼다. 앞서 보았듯이 그의 철학은 근대 세계의 언어와 개념에 토대를 둔다. 또 자신의 철학을 전개할 때 근대 상업사회가 제기하는 좋은 삶을 위한 독특한 도전과제에 응답하려고 노력한다.

우리가 스미스에게 안내지침을 구해야 할 마땅한 이유가 또 있다. 이것은 그가 추구했던 철학자의 유형과 관련된다. 스미스는 모교인 글래스고대학에서 뛰어난 도덕철학 교수로 일했다. 하지만 그는 오늘날 대부분의 철학과에서 적합하지 않은 사람일 것이다. 오늘날 전문적인 철학은 전문화되고 기술적인 학문이다. 외부인들에게 철학적인 문제는 고급수학이나 물리학의 질문만큼이나 이해하기 어렵다. 스미스는 부분적으로는 분업화와 전문화된 노동이 생산성을 증가시키는 방식을 기꺼이 받아들였을 것이다. 또 그는 철학의 전문화에 따른 이득에 대해서도 언급했다. 하지만 몇몇 저명한 다른 철학자들이 보다 최근에야 강조하듯이, 이런 전문화 과정에서 무엇이 상실되는지도 알았다. 스미스는 사라진 것들, 즉 좋은 삶의 본질과 방법에 관한 오래된 질문들이야말로 철학의 중심이라고 생각한다.

스미스는 도덕철학의 과제를 두 가지로 설명한다. 하나는 인간이 판단을 내릴 수 있게 하는 '정신의 힘이나 능력'을 찾는 것이다. 이것이 단순히 학문적이거나 기술적인 문제처럼 들리는가? 스미스역시 그렇게 생각했다는 걸 알면 기분이 좋을 것이다. 그는 이것을 단순히 철학적 호기심의 문제라고 지칭하고, 사색에서 가장 중요하지만 전혀 실제적이진 않다고 말했다.

그가 이 문제를 전혀 중요하지 않게 생각했다는 것은 아니다. 도덕철학에 관한 그의 책에서 많은 부분이 이 문제를 다룬다. 그럼에도 그는 도덕철학의 첫 번째 과제는 다른 질문에 대답하는 것이라고 주장한다. "미덕은 어디에 존재하는가? 또는 탁월하고 칭찬할 만한 인격을 구성하는 성격의 특성과 행위의 동기는 무엇인가?"

스미스의 인생철학은 '탁월하고 칭찬할 만한 인격'이란 무엇인가 하는 고대의 질문에 대한 관심에서 비롯된다. 하지만 그가 이 질문에 대답하는 방식은 매우 근대적이다. 계몽주의 운동에서 좋은 평판을 지닌 한 사람으로서 스미스는 경험적 방법론, 즉 관찰과 실제 자료에 대한 분석에 충실한 학자이다. 그의 비전, 실제로는 지혜와 미덕을 갖춘 사람의 비전, 완전하고 칭찬할 만한 사람의 비전, 고귀하고 존경할 만한 사람의 비전은 앞서 보았듯이 현실 세계의 실제 인간 연구에 토대를 둔다. 스미스와 그가 칭송하는 지혜롭고 덕 있는 사람들은 항상 다양한 사람과 순간을 관찰한 내용을 자세히 기술하는 관찰자이다. 부분적으로는 이런 접근방법 덕분에 오늘날에도 스미스의 책은 매우 읽기 쉽다.

스미스의 책에서 특히 놀라운 점은 자신의 통찰을 독자인 우리가 볼 수 있도록 제시한다는 것이다. 이를 통해 우리 스스로 좋은 관찰자가 되어 좋은 행위, 좋은 인격, 좋은 삶을 만날 때 그것을 더 잘 보고 인식할 수 있도록 훈련시킨다. 스미스의 말에 따르면 그의 목적은 '독특한 사람을 만날 때 알아볼 수 있게 하는 것'이다.

스미스의 방법론에는 또 다른 측면도 있다. 그는 단순히 관찰하기만 하는 것이 아니다. 본 것을 다시 숙고한다. 특히 자신이 발견한 작은 차이점을 모두 통합할 방법에 대해 깊이 생각한다. 이것은 특히 경제학에서 분명하게 드러난다. 스미스는 물론 현대인들에게 보이지 않는 손으로 유명하다. 하지만 보이지 않는 손은 은유이며, 구체적으로 말하면 스미스 자신이 '자연적 자유 시스템'이라고 부른 것을 가리킨다. 이 시스템은 스미스가 저서에서 설명한 다른 많은 시스템과 마찬가지로 밝혀지지 않은 부분들의 다양한 활동을 조정하는 극히 복잡한 기계이다. 경제학자로서 스미스의 천재성은 이러한 개별적인 부분이 모두 통합되는 방식을 설명하는 능력에 있다. 이는 언뜻 '보이지 않는' 부분들 사이의 많은 유사점을 보여주기 위함이다.

이런 숙고를 통해 관계성이 드러난다. 이와 동일한 방법이 스미스의 도덕철학에도 적용된다. 스미스의 경제학이 우리 눈에 각각의 개별적인 현상으로 보이는 것을 단일한 통합적인 전체 안에서 상호 연결된 것으로 이해하는 방법을 보여주듯이, 스미스의 인생철학도 삶의 다양한 부분들을 하나로 통합된 것으로 보는 방법을 제시한다. 이것이 그의 윤리학이 단순히 개별 행동의 옳고 그름을 분류하는 것이 아니라 '탁월하고 칭찬할 만한 인격'을 알아보는 것에 집중하는 이유이다. 탁월하고 칭찬할 만한 인격, 또한 그런 인격이 결정하는 삶은 헤아릴 수 없이 많은 경험과 감정이 하나로 통합된 것이기 때문이다. 이 통합을 관찰하고 깊이 이해하고 살아내려면 훈련된 눈이 필요하다. 이것이 행동과 숙고, 지혜와 미덕의 삶이다.

내가 애덤 스미스를 연구하는 학자가 된 것은 엄청난 행운이다. 이 단어가 내 마음속에서 떠나지 않는다. 스미스와 오랜 세월을 함께 보낸 것은 기쁨이었다. 나에게 스미스와 그의 삶에 대해 많은 것을 가르쳐준 훌륭한 동료, 친구, 학생들과 함께 시간을 보낸 것 역시 기쁨이었다. 몇몇 친구들은 넓은 마음으로 이 책의 초안 내용들을 읽고 의견을 제시해주었다. 특별히 도그 덴 우일, 샘 플레이사커, 고든 그레이엄, 찰스 그리스월드가 유용한 제안을 많이 해준 것에 감사드린다. 사랑하는 두 친구 데이비드 애플바움과 애덤 헬레거스 역시 원고를 읽고 개선점을 많이 제시해주었다.

국제 애덤스미스협회 회의에서 개최된 저자와 비평가가 만나는 자리에서도 유용한 피드백을 받았다. 이 만남을 마련해준 키스 행킨스, 그리고 카렌 발리호라와 브레넌 맥데이비드의 조언에도 깊이 감사드린다.

이 책은 프린스턴대학 출판부의 사람들이 없었다면 세상에 나오지 못했을 것이다. 특히 제일 먼저 이 책을 써보라는 도전을 받아들이도록 용기를 준 알 버트란드, 이 책이 출판되도록 끝까지 도와주고, 매우 통찰력 있는 원고 검토자를 찾아 많은 개선점을 제시하도록 한 롭 템피오에게 특별히 감사드린다.

사랑하는 딸 페이지에게 이 책을 바친다. 애덤 스미스가 나를 통해 네가 멋진 삶의 선물과 신비를 발견하도록 도와주길 바란다.

애덤 스미스의 생애와 사상

애덤 스미스는 1723년 에든버러 북쪽 해변마을 커콜디에서 태어났다. 스미스의 아버지는 아들이 태어나기도 전에 죽었고, 그는 헌신적이고 자애로운 어머니 손에 자랐다. 스미스는 지역 교구 학교에서 훌륭한 조기 교육을 받은 뒤 글래스고대학에 진학했다. 그곳에서 그가 사랑하는 프랜시스 허치슨Francis Hutcheson 교수의 지도 아래 학사과정을 마쳤다. 허치슨 교수는 오늘날 스코틀랜드 계몽주의 운동의 아버지로 널리 인정받는 사상가이다. 1740년 글래스고대학을 마친 후에는 목사가 되기 위한 공부를 계속하려고 옥스퍼드대학에 입학했다. 하지만 옥스퍼드대학에 실망한 뒤 1746년에 스코틀랜드로 돌아갔다.

스코틀랜드에 돌아온 뒤 스미스는 목회자의 길을 포기하고 수사학에 관한 연속 공개 강의를 진행했다. 이 일로 크게 주목을 받은 덕분에 1751년 글래스고대학의 교수가 되었다. 글래스고대학에서 스미스는 수사학, 순수문학에서부터 자연신학, 논리학, 법학에 이르는 다양한 주제를 강의했다. 그러나 유명세를 타게 된 것은 주로 도덕철학 강의 덕분이었다. 그는 글래스고에서 존경받는 교수이자 유능한 관료로서 경력을 계속 이어갔다. 이후 1764년 대학교수직을 사임하고 버클루Buccleuch 공작의 개인교수직을 맡았는데, 이때 버클루 공작의 그랜드투어 수행인으로 프랑스에서 2년 동안 머물렀다. 이는 스미스가 영국 밖으로 나간 유일한 여행이었으며, 동시에 프랑스를 좋아하는 스미스에게 계몽운동의 주요 인사들을 만나 교제할 수 있는 중요한 기회였다.

프랑스에 있는 동안 스미스는 책을 쓰기 시작했다. 집필은 1766년 스코틀랜드로 돌아온 뒤에도 10년 동안 계속되었다. 책을 완성하여 출판한 뒤 에든버러에서 계속 공직을 맡았으며, 죽을 때까지 세관 관리로서 왕을 위해 일했다. 에든버러에서 지낸 마지막 시기에 스미스는 문인으로 행복하게 살면서 친구들과 어울렸고, 어머니, 사촌과 함께 거주한 집에서 방문객을 맞이했다. 그의 집인 팬무어하우스Panmure House는 아직도 에든버러에 남아 있으며, 그는 첫 번째 책의 최종 수정본을 출판사에 보낸 직후인 1790년에 이 집에서 생을 마감했다.

애덤 스미스는 조용한 삶을 살았다. 그에 관한 몇 가지 재미있는 일화가 있다. 분업노동의 장점에 대해 역설하던 중 무두질 작업용 구덩이에 빠졌고, 생각에 골몰한 나머지 찻주전자에 빵을 집어넣기도 했다. 언젠가 잠옷을 입은 채 교외 지역을 돌아다닌 적도 있다. 이런 사례들로 인해 그에게 전형적인 얼빠진 교수의 이미지가 강화되었다. 스미스는 결혼하지 않았고 자녀도 없었으며, 온순하고 내성적인 사람으로 평생 책과 사색의 삶을 살았다. 팬무어하우스에서 아주 가까운 에든버러 캐논게이트교회 마당에 세워진 그의 묘비명은 이런 삶을 잘 보여준다. "『도덕감정론』과 『국부론』의 저자 애덤 스미스, 여기에 잠들다: 1723년 6월 5일 출생, 1790년 7월 17일 사망." 이 비명은 스미스의 인생에서 중요한 사실을 보여준다. 즉, 그의 사상체계의 핵심은 주로 이두 권의 책에 나와 있다.

스미스가 프랑스에서 집필하기 시작하여 1776년에 출판한 두 번째 책 『국부론』은 오늘날 그가 유명해진 계기가 되었다. 스미스는 이 책을 통해 당시 정치경제학 분야의 가장 중대한 논쟁인 자유무역에 대해, 특히 중상주의重商主義로 알려진 무역보호제도를 중재하려고 노력했다. 『국부론』은 중상주의를 단호하게 반대하면서 중상주의가 부유하고 잘 조직화된 특별 이익 단체의 주머니를 채워줄 뿐이며, 부유하지 못한 일반 시민 소비자에게 직접적으로 손해를 끼친다고 주장한다. 하지만 『국부론』은 그 시대만을 위한 책은 아니었다. 스미스의 보호주의 비판은 '천부적인 자유체제'의 효율성에 대한 자신의 신념에 기초했으며, 사실 이 책이 지금까지도 지속적인 영향력을 미치게 된 것은 이러한 자유체제에 대한 옹호 덕분이다. 그 결과 애덤 스미스라는 이름은 여러 세대의 경제학도들에게 분업노동의 뛰어난 생산성, 자유로운 교환을 통한 구매자와 판매자(그리고 국가와 국가 간)의 상호이익, 시장에 대한 과도한 정부 개입의 위험성 같은 신념의 옹호자와 동의어가 되었다.

———

비록 스미스가 『국부론』 덕분에 명성을 얻긴 했지만, 사실 그의 첫 번째 책도 그의 두 번째 책 만큼이나 중요하다. 1759년, 스미스는 『도덕감정론』의 초판을 출판했다. 이 책은 그가 글래스고대학의 도덕철학 수업에서 강의한 내용을 토대로 한 것이다. 이것을 분명히 보여주는 흔적은 이 책이 다양한 도덕이론의 역사에 관한 긴 장으로 마무리된다는 점이다. 이 같은 접근방식은 오늘날에는 일반적이지만 그 당시에는 새로운 것이었다. 이 책을 통해 애덤 스미스는 그의 사상의 핵심이 되는 '공감'과 '공정한 관찰자'의 개념을 제시하고 있으며, 이러한 도덕적 판단 이론과 더불어 미덕의 의미에 대해 깊은 통찰을 보여주는 인생철학도 제시한다. 그는 평생에 걸쳐 이 책을 수정하고 가다듬었는데, 이는 애덤 스미스가 인간의 도덕과 미덕의 문제에 얼마나 많은 관심을 갖고 있었는지 보여준다.

내 인생을 완성하는 것들

더 나은 삶을 살기 위한 29가지 위대한 지혜

초판 1쇄 인쇄 2020년 6월 24일　**초판 1쇄 발행** 2020년 7월 1일

지은이 라이언 패트릭 핸리
옮긴이 안종희
펴낸이 연준혁

편집 1본부 본부장 배민수
편집 6부서 부서장 정낙정
편집 강소라
디자인 김준영

펴낸곳 ㈜위즈덤하우스　**출판등록** 2000년 5월 23일 제13-1071호
주소 경기도 고양시 일산동구 정발산로 43-20 센트럴프라자 6층
전화 031)936-4000　**팩스** 031)903-3893　**홈페이지** www.wisdomhouse.co.kr

ISBN 979-11-90786-89-8 03190

이 도서의 국립중앙도서관 출판예정도서목록(CIP)은 서지정보유통지원시스템 홈페이지(http://seoji.nl.go.kr)와 국가자료종합목록시스템(http://www.nl.go.kr/kolisnet)에서 이용하실 수 있습니다. (CIP제어번호: CIP2020023811)